国家出版基金资助项目
中宣部2018年主题出版重点出版物
"中华民族伟大复兴中国梦"系列丛书

SHEHUI ZHUYI HEXIN JIAZHI TIXI DE JINGSHEN YINLING

社会主义核心价值体系的精神引领

丛书主编：郑德荣　李　蓉　孔德生

黄　伟　孔德生／著

吉林出版集团股份有限公司
全国百佳图书出版单位

图书在版编目（CIP）数据

社会主义核心价值体系的精神引领 / 黄伟, 孔德生著. -- 长春：吉林出版集团股份有限公司, 2018.12（2025.1重印）
（中华民族伟大复兴中国梦系列丛书 / 郑德荣, 李蓉, 孔德生主编）

ISBN 978-7-5581-6054-7

Ⅰ.①社⋯ Ⅱ.①黄⋯ ②孔⋯ Ⅲ.①社会主义建设—价值论—研究—中国 Ⅳ.①D616

中国版本图书馆CIP数据核字(2018)第266953号

社会主义核心价值体系的精神引领
SHEHUI ZHUYI HEXIN JIAZHI TIXI DE JINGSHEN YINLING

总 策 划：	姚玉和　杨学忠
策　　划：	周海英　耿　宏　刘文辉
丛书主编：	郑德荣　李　蓉　孔德生
本册著者：	黄　伟　孔德生
责任编辑：	杨晓天　于　欢
责任校对：	崔博华　矫黎晗　金　昊
装帧设计：	长春金鼎设计印务有限公司
技术编辑：	傅广岩　张　帅　刘美丽　李　鑫
出　　版：	吉林出版集团股份有限公司
发　　行：	吉林出版集团社科图书有限公司
电　　话：	0431-81629725
印　　刷：	唐山楠萍印务有限公司
开　　本：	710mm×1000mm　1/16
字　　数：	200千字
印　　张：	15
版　　次：	2018年12月第1版
印　　次：	2025年1月第4次印刷
书　　号：	ISBN 978-7-5581-6054-7
定　　价：	35.00元

如发现印装质量问题，影响阅读，请与印刷厂联系调换。

目 录

| 引　言　社会主义核心价值体系概论 ········· 001
　一、社会主义核心价值体系形成的理论基础 ········· 001
　二、社会主义核心价值体系的正式提出 ········· 005
　三、社会主义核心价值体系的科学内涵 ········· 011
　四、社会主义核心价值体系的本质规定性 ········· 013
　五、社会主义核心价值体系的功能作用 ········· 014
　六、社会主义核心价值体系建设的重大意义 ········· 017

| 第一章　坚持马克思主义指导思想 ········· 020
　一、马克思主义指导思想概述 ········· 020
　二、马克思主义指导思想是社会主义核心价值体系的灵魂 ········· 026
　三、如何坚持马克思主义在社会主义核心价值体系中的指导地位 ··· 029

| 第二章　牢固树立共产主义远大理想和中国特色社会主义共同理想 ········· 038
　一、共产主义远大理想和中国特色社会主义共同理想概述 ········· 039
　二、共产主义远大理想和中国特色社会主义共同理想是社会主义
　　　核心价值体系的愿景和主题 ········· 050
　三、如何牢固树立共产主义远大理想和中国特色社会主义共同理想 ········· 055

| 第三章　大力弘扬民族精神和时代精神 ········· 066
　一、民族精神和时代精神概述 ········· 066
　二、民族精神和时代精神是社会主义核心价值体系的精髓 ········· 085
　三、如何大力弘扬民族精神和时代精神 ········· 089

第四章　树立社会主义荣辱观 …… 094
一、社会主义荣辱观概述 …… 094
二、社会主义荣辱观是社会主义核心价值体系的基础 …… 112
三、如何树立社会主义荣辱观 …… 115

第五章　培育和践行社会主义核心价值观 …… 120
一、社会主义核心价值观概述 …… 120
二、社会主义核心价值观是社会主义核心价值体系的内核 …… 139
三、如何培育和践行社会主义核心价值观 …… 141

第六章　不断增强意识形态领域主导权和话语权 …… 156
一、意识形态概述 …… 157
二、意识形态是社会主义核心价值体系的向导 …… 163
三、如何不断增强意识形态领域的主导权和话语权 …… 167

第七章　继承和发展"三种文化" …… 173
一、"三种文化"概述 …… 174
二、"三种文化"是社会主义核心价值体系的源泉 …… 177
三、如何继承发展"三种文化" …… 183

第八章　社会主义核心价值体系建设的基本现状与有效对策 …… 192
一、社会主义核心价值体系建设的主要成就 …… 192
二、社会主义核心价值体系建设存在的问题及原因分析 …… 196
三、社会主义核心价值体系建设的发展对策 …… 202

结　论　充分发挥社会主义核心价值体系的精神引领作用 …… 219
一、充分发挥社会主义核心价值体系精神引领作用的基本原则 …… 219
二、充分发挥社会主义核心价值体系精神引领作用的基本方法 …… 223
三、充分发挥社会主义核心价值体系精神引领作用的实践路径 …… 225

参考文献 …… 231

引 言
社会主义核心价值体系概论

坚持社会主义核心价值体系是中国共产党顺应世界形势、国情状况、党情变化,深刻把握社会主义意识形态建设规律和时代发展的新要求,开创中国特色社会主义文化发展道路,提升社会主义文化软实力,发展社会主义先进文化的重大举措。面对当前经济体制、社会结构、利益格局和思想意识都在发生深刻变化的新形势,我们必须站在社会主义意识形态安全和国家文化软实力建设的高度,准确把握社会主义核心价值体系的相关要素,大力推进社会主义核心价值体系建设。

一、社会主义核心价值体系形成的理论基础

社会主义核心价值体系形成的理论基础是多方面的,主要包括中华民族优秀传统文化、马克思主义关于社会主义价值观的思想、中国共产党社会主义核心价值观的思想。

（一）中华民族优秀传统文化

中华民族优秀传统文化是社会主义核心价值体系必不可少的思想基础。中华民族的文化是世界历史长河当中唯一没有断流的文化，英国历史学家汤因比就曾说过：未来若有一种文化能够统领全球，那必然是中华民族的文化。中华民族创造并世世代代继承发展的传统文化有着悠久的历史和博大精深的内涵。世界历史上，大部分国家的核心价值体系都是与本国的文化气息、时代背景相联系，进而形成具有各自国家文化特色的价值取向。中华民族各利益群体的共同理想、共同愿望和共同需求是社会主义核心价值体系的内在表现，也是人们在意识形态、社会理想、民族精神、时代精神和道德规范方面积淀几千年所形成的价值取向和价值标准，事实上，它们存在于中华民族的价值观、思维方式、风俗习惯、道德礼仪等文化传统的各个方面。比如，中华传统文化孕育了激励中华儿女奋斗不息的理想信念，主要有"天下为公"、世界"大同"的社会理想；中华民族历久弥新的民族精神和传统美德还有"自强不息""厚德载物""诚信为本""精忠报国"等，这些共同构成了中华民族优秀传统文化的精华体系，也成了社会主义核心价值体系的重要理论源泉和思想基础。

（二）马克思主义关于社会主义价值观的思想

社会主义核心价值体系是在继承世界各国优秀文明特别是马克思主义相关思想的基础上凝练而成的。马克思主义博大精深，随着时代的发展不断焕发出真理的光芒，其中的一些具体的理论虽然因为时代的发展而"过时"了，但是那些世界观和方法论永远闪耀着真理的光芒。

托马斯·莫尔的《乌托邦》描绘了"社会主义"的雏形,在乌托邦的理想王国里,私有制被消灭,人们按需分配,平均分享社会财富。康帕内拉的《太阳城》也提出了"正义"制度。由于19世纪英国工业革命和法国大革命的影响,世界范围内的资本主义迅猛发展,与此同时,资本的本性暴露无遗,因此提倡平等、消除不平等现象的呼声愈来愈强烈,关于人的全面发展理论在探索中逐渐完善,空想社会主义的代表人物欧文也提出"很好地培养他们的体、智、德、行方面的品质,把他们教育成全面发展的人"的观点。

马克思主义继承和超越了前人的价值观方面的思想,马克思、恩格斯预言共产主义社会"将是这样一个联合体,在那里,每个人的自由发展是一切人的自由发展的条件"[①]。他们倡导"人的解放",要求消除人与人之间的根本性冲突来实现彻底的公平,为人类描绘了一个公平的理想社会。马克思主义人类社会发展规律理论的"两个必然"(资本主义必然灭亡,社会主义必然胜利)也是社会主义核心价值体系的重要理论源泉。我们党的根本指导思想即马克思主义是党的工作理论基础和思想源泉,也是建设社会主义核心价值体系的理论依据,为社会主义核心价值观奠定了坚实的思想理论基础。

(三)中国共产党社会主义核心价值观的思想

中国共产党自1921年成立以来,在革命建设改革的过程中披荆斩棘、乘风破浪,积累了宝贵而丰富的经验,这些都凝练为党弥足珍贵的思想财富。

在新中国成立后的社会主义建设时期,"什么是社会主义,怎样建

[①]《马克思恩格斯选集》(第一卷),人民出版社,1995,第294页。

设社会主义"一直是我们党艰辛探索的重大理论和实践课题,以毛泽东为代表的第一代中央领导集体提出了"为人民服务""共同富裕""大力发展生产力""社会平等""人的全面发展"等思想理论和科学论断。以邓小平为代表的第二代中央领导集体,则立足于改革开放的伟大实践和中国特色社会主义现代化建设,提出了以人民为价值主体、社会主义优于资本主义、实现共同富裕等核心观点和科学论断,进一步构建起让社会主义核心价值体系从理想走向现实的桥梁。以江泽民为代表的第三代中央领导集体,提出了建设富强、民主的社会主义现代化强国的目标,全面展现了社会主义价值观取向,为社会主义核心价值体系的建构提供了重要资源。党的十六大以来,胡锦涛提出了充分反映我国经济社会发展的客观规律和代表最广大人民群众根本利益的科学发展观,具体体现为"坚持以人为本,树立全面、协调、可持续的发展观,促进社会经济和人的全面发展",并且已触及社会主义核心价值体系中的"以人为本""全面发展""和谐社会"等核心问题。党的十八大以来,以习近平为核心的党中央逐步绘就了治国理政的宏伟蓝图,从"两个一百年"奋斗目标到"中国梦",从统筹"五位一体"总体布局到协调推进"四个全面"战略布局,从把握中国经济发展新常态到牢固树立五大发展理念,这些都是中国共产党社会主义核心价值观的思想,共同为社会主义核心价值体系的构建奠定了坚实的思想理论基础和实践基础。由此可见,社会主义核心价值体系的树立,不是简单地对原有价值的肯定或否定,而是站在历史和实践的角度考量,最终形成了以人为本、共同富裕与公平正义、爱国主义与改革创新、"八荣八耻"等与社会主义核心价值体系相对应的核心价值理念。

因此,我们必须以马克思主义中国化的所有成果,以毛泽东思想、邓小平理论、"三个代表"重要思想、科学发展观、习近平新时代中国特色社会主义思想为指导,高举中国特色社会主义伟大旗帜,更加深入地学习和贯彻习近平新时代中国特色社会主义思想,把社会主义核心价值体系更加融洽有效地融入人们的生产生活和精神世界。我们要注重宣传教育、示范引领、实践养成相统一;注重政策保障、制度规范、法律约束相衔接,通过社会主义核心价值体系,全面引领广大人民群众为赢得中国特色社会主义新胜利而不懈努力和永续奋斗。

二、社会主义核心价值体系的正式提出

文化是一定时期社会的经济和政治在思想观念和意识形态上的反映,任何理论的提出在一定程度上都适应着一定形势的发展。在时代潮流风起云涌的社会激荡期和矛盾冲突纷繁复杂的社会转型期,必然要求在现实精神需求和领导干部道德建设的价值诉求等方面形成新的价值体系。中国共产党立足时代特征和现实需要,顺应历史潮流和经济社会发展实际,提出了建设社会主义核心价值体系的问题。

(一)社会主义核心价值体系提出的背景

1. 时代发展的客观趋势

面对世界全球化趋势,任何一个政党、一个国家,要树立一面精神旗帜,制定一种发展战略,都会受到时代潮流的影响和世界局势的制约。我们党今天之所以提出建设社会主义核心价值体系,与目前世界的发展局势

也有很大的关联。当今世界正在发生深刻而复杂的变化，世界格局进入深度调整期，国际社会不断涌现新难题，比如地区政治的持续冲突，新旧矛盾的不断叠加，传统安全威胁与非传统安全威胁的相互交织；全球化趋势日益明显，同时也带来了不良影响，经济增长缓慢和保护主义的盛行，导致了新的风险的形成和聚集；大国博弈日益激烈，美国的霸权主义强权政治始终甚嚣尘上，虽然和平的力量仍然处于优势地位，和平与发展仍是当今世界的主题，但世界范围内的不和谐事件此起彼伏。虽然中国综合国力持续增强，自2010年中国GDP超过日本成为世界第二，中国的国际地位和影响力进一步提高，在国际舞台上中国起着越来越重要的作用，而且在国际规则的制定中，中国的主导权越来越重要，世界各国更加看重中国的作用，许多国家都在寻求并加强同中国的合作，但是，来自世界舞台的喝彩声和意识形态领域的打压及经济控制始终伴随左右。

伴随着经济全球化而来的文化全球化已经成为当前世界文化发展的一个基本趋势，是任何一个国家和民族在复杂的国际关系中都不得不正视的一个重要问题。无论其发展和结果会以怎样的一种方式呈现出来，对一个国家和民族而言，只有立足于自身的文化传统和价值体系才能从容面对文化全球化所带来的各种机遇和挑战。在全球化的大潮中，困难与风险蜂拥而至，机遇与挑战并存并进。在这种世界局势之下，我们始终秉持"前途是光明的，道路是曲折的"的理想信念，积极地面对和解决前进道路上的困难。我们党用社会主义核心价值体系把全党和全国人民紧紧地凝聚起来，团结带领全国各族人民牢牢抓住发展机遇，全力促进我国经济社会又好又快地发展。可以说，国际文化发展的新趋势即时代潮流对中国社会发展的必然要求就是建设社会主义核心价值体系。

2. 社会转型的现实需求

如果说文化全球化构成建设社会主义核心价值体系的世界背景的话，那么这种来自外围的机遇和挑战对任何一个国家而言都是存在的，而伴随改革开放以来中国社会经济结构自身变化而来的文化领域及人们精神生活领域的变化，则构成了建设社会主义核心价值体系的内生环境。从1978年党的十一届三中全会开始，我国社会进入了一个转型时期。社会转型时期是社会急剧变化的时期，在转型期特别容易出现思想文化和价值观的剧烈碰撞，社会上会出现大量的新问题和新矛盾。在这个时期，社会结构多元化、利益主体的增多和利益格局的形成是社会转型时期最为主要的矛盾。人民内部矛盾随着社会利益主体多元化、复杂化和社会阶层分化不断涌现，并且出现了社会成员减少了对传统体制的依赖性而增加了选择性和流动性的新特点。为了建立起适应社会变革、推动社会发展的价值体系，我们党需要深刻研究社会各方面的新情况、新问题。

在这个特殊时期，我们社会的价值观念可以概括为"多元并存，新旧交替"。当今中国的价值观念呈多元化发展，多重价值观并存，且批判继承传统观念，不断推陈出新、革故鼎新，同时还表现出价值观体系的静态现存状况和动态发展态势。所以，我们党的一个非常重要的任务就是要努力构建社会主义核心价值体系，解决社会转型的现实需求，使全党和全国各族人民树立正确的价值观并且形成统一的价值共识，以凝聚党心、民心，形成坚强有力的建设中国特色社会主义的精神支柱和精神动力。可以说，国内文化建设的新要求是建设社会主义核心价值体系的内部因素。

3. 干部队伍的建设诉求

在改革开放深入发展、社会主义市场经济体制不断完善的情况下，很多党员干部因为树立了正确的"三观",道德修养有了新的提升,涌现出一些具有较高道德情操的优秀党员干部,在社会主义精神文明建设中起到了表率作用。党的政策正是在这些党员干部的带动下,在实践中得到了贯彻落实,为广大人民群众带来了真正的实惠,并且使得党和政府在人民群众中树立了良好形象。

在经济全球化浪潮纵深发展和改革开放以来经济体制改革的时代背景下,我们应该深刻思考,自我剖析,清醒地认识到我们党内确实存在一些思想作风不良和道德素质下降的问题。在迷失的世界观和人生观指导下的价值判断和价值选择,注定会引导一些思想上没有树立正确价值观的党员干部走上违法违纪乃至犯罪的道路。物质的极大诱惑,让人很难抵挡,最终表现为道德素质低下,行为有失规范,人生走向不归路。更令人难以置信的是,这些错误的价值观和价值选择,不仅影响个人,还助长了不良作风,使党和政府在人民群众心中的光辉形象受到严重的损害,更让我们的社会主义现代化建设事业受到一定的影响。这就要求我们必须通过构建社会主义核心价值体系,加强对党员干部的思想教育和精神引领。

4. 确立国家文化形象的迫切需要

国家形象是国际舆论和国内民众对特定国家的总体评价和认定,是国家的客观状态在国际公众舆论中的投影,是国际社会对一个国家印象的综合反映。国家形象虽然奠基于一国的客观实际状况,但更多的却表现为一种他者眼中的形象。不同的国家形象对一个国家的发展的作用是不同的,雷默从"声誉资本"的角度强调了国家形象在国际关系交往中的重要性,摩根索则从"威望政策"的角度论述了国家形象,使其他国家信服并产生深刻印象。对中国而言,塑造良好的国家形象无疑是中国在国际舞台上一直追求的重要目标,也是中国能够在全球化时代持续稳定发展的一个基本条件。从有关中国国家形象的调查中,可以发现人们对中国国家形象的国内和国际认知存在着显著差异,这种差异从另一侧面也反映了在中国国家形象建构中存在的一些问题,我们应当高度重视,积极应对。[1]改革开放以来,虽然中国的文化建设取得了巨大进步,国家文化形象的塑造较之以往也有了明显提升,但从总体上说,这与中国作为文明古国、世界大国和重要经济体的地位仍然很不相称。与中国对世界的了解相比,世界对中国的了解在很大程度上仍停留在传统中国的层面上,对中国文化的认知也更多地局限在茶叶、陶瓷、功夫以及模糊的孔子形象上,以至于亨廷顿在描述人类文明谱系图时对中国文化打上了一个问号。类似的观点虽有失偏颇,但也反映出当前中国文化在国际舞台上的尴尬地位。这就提示我们,树立良好的国家文化形象,推进能为世界所认可的思想观念或价值体系已成为中国文化建设的一项迫切任务。

(二)社会主义核心价值体系提出的过程

党的十六届六中全会第一次明确提出了"社会主义核心价值体系"这一科学概念和"建设社会主义核心价值体系"这一重大命题,并对社会主义核心价值体系的基本内容作出了明确界定,强调"社会主义核心价值体系是建设和谐文化的根本"。党的十七大报告把建设社会主义核心价值体系、增强社会主义意识形态的吸引力和凝聚力,当作推动社会主义文化大发展大繁荣的首要任务,鲜明地提出"社会主义核心价值体系是社会主

---

[1] 杨明等:《社会主义核心价值体系论纲》,南京大学出版社,2013,第82页。

社会主义核心价值体系的精神引领

义意识形态的本质体现"。党的十七届六中全会在《中共中央关于深化文化体制改革、推动社会主义文化大发展大繁荣若干重大问题的决定》中，把建设社会主义核心价值体系规定为社会主义文化建设的根本任务，强调"社会主义核心价值体系是兴国之魂，是社会主义先进文化的精髓，决定着中国特色社会主义发展方向"，要"坚持用社会主义核心价值体系引领社会思潮，在全党全社会形成统一指导思想、共同理想信念、强大精神力量、基本道德规范"。[1]

党的十八大报告全面阐述了社会主义核心价值体系的内涵、路径及重大意义，强调指出："社会主义核心价值体系是兴国之魂，决定着中国特色社会主义发展方向。要深入开展社会主义核心价值体系学习教育，用社会主义核心价值体系引领社会思潮、凝聚社会共识。"

党的十九大报告在阐述14个治国理政的基本方略时正式提出了"坚持社会主义核心价值体系"这一重大论断。报告还明确指出："文化自信是一个国家、一个民族发展中更基本、更深沉、更持久的力量。必须坚持马克思主义，牢固树立共产主义远大理想和中国特色社会主义共同理想，培育和践行社会主义核心价值观，不断增强意识形态领域主导权和话语权，推动中华优秀传统文化创造性转化、创新性发展，继承革命文化，发展社会主义先进文化，不忘本来、吸收外来、面向未来，更好构筑中国精神、中国价值、中国力量，为人民提供精神指引。"[2]

---

[1]《中共中央关于深化文化体制改革 推动社会主义文化大发展大繁荣若干重大问题的决定》，《人民日报》2011年10月26日。

[2] 习近平：《决胜全面建成小康社会 夺取新时代中国特色社会主义伟大胜利——在中国共产党第十九次全国代表大会上的报告》，《人民日报》2017年10月18日。

三、社会主义核心价值体系的科学内涵

2006年10月,党的十六届六中全会通过的《中共中央关于构建社会主义和谐社会若干重大问题的决定》,第一次明确提出了"建设社会主义核心价值体系"这个重大命题和战略任务。2007年,胡锦涛在"6·25"重要讲话中强调,要大力建设社会主义核心价值体系,巩固全党全国人民团结奋斗的共同思想基础。社会主义核心价值体系主要包括四个方面的内容,即马克思主义指导思想、中国特色社会主义共同理想、以爱国主义为核心的民族精神和以改革创新为核心的时代精神、社会主义荣辱观。党的十九大报告对社会主义核心价值体系的科学内涵进行了进一步的深度凝练和理论创新,涉及共产主义远大理想、意识形态、"三种文化"等内容。

社会主义核心价值体系的科学内涵可以从它四个方面的内容进行解读。其中,坚持以马克思主义为指导思想是社会主义核心价值体系的灵魂,中国特色社会主义共同理想是社会主义核心价值体系的主题,以爱国主义为核心的民族精神和以改革创新为核心的时代精神是社会主义核心价值体系的精髓,社会主义荣辱观是社会主义核心价值体系的基础。这四个方面内容都是社会主义意识形态最重要的组成部分,它们互相联系,互相促进,是一个有机统一的整体,也是从我们党领导人民在长期实践中形成的丰富思想中提炼出的精华,是对社会主义核心价值体系核心内涵的科学揭示。此外,共产主义远大理想、社会主义意识形态、社会主义精神文明以及"三种文化"等,也是社会主义核心价值体系的基本内涵。

第一,马克思主义是社会主义核心价值体系的根本指针,是社会主义核心价值体系和意识形态的灵魂。它为建设社会主义核心价值体系提供了

世界观和价值观。毛泽东思想、邓小平理论、"三个代表"重要思想、科学发展观和习近平新时代中国特色社会主义思想是马克思列宁主义与中国具体实际相结合的产物，是当代中国的马克思主义。只有坚持以马克思列宁主义、毛泽东思想、邓小平理论、"三个代表"重要思想、科学发展观和习近平新时代中国特色社会主义思想为指导，才能使全国人民有一个共同的精神支柱。一旦动摇了马克思主义的指导地位，就动摇了中国特色社会主义的根基和全国人民团结奋斗的思想基础，就会造成意识形态领域的混乱，丧失社会和谐的思想灵魂。

第二，中国特色社会主义共同理想是建设社会主义核心价值体系的主题、目标和动力。中国特色社会主义充分反映了我国最广大人民的共同愿望、利益和要求，是全国各族人民不懈追求的共同理想，是发展中国的成功之路。在当代中国，只有走中国特色社会主义道路，才能实现民族的独立、国家的富强和人民的幸福，也才能把各党派、各团体、各阶层、各民族团结和凝聚起来。有了共同理想，社会成员才能把自己的理想与共同理想统一起来，才能真正实现自己的人生价值。

第三，以爱国主义为核心的民族精神和以改革创新为核心的时代精神，是社会主义核心价值体系的精髓和核心、情感纽带和精神支撑、价值引领和力量源泉。以爱国主义为核心的团结统一、爱好和平、勤劳勇敢、自强不息的伟大民族精神，是中华民族生生不息、薪火相传的精神血脉，是维护国家团结统一、鼓舞各族人民奋发进取的精神支撑。以改革创新为核心的与时俱进、开拓进取、求真务实、奋勇争先的时代精神，是当代中国人民伟大奋斗中不断创造新辉煌的力量源泉。

第四，以"八荣八耻"为主要内容的社会主义荣辱观是人们对荣辱问题的根本看法和态度，是世界观、人生观、价值观的重要组成部分，是社会主义核心价值体系的基础、价值标准和基本要求。以"八荣八耻"为主要内容的社会主义荣辱观，是中华民族传统美德、优秀革命道德与时代精神的完美结合，反映了社会主义道德的基本要求，为市场经济条件下判断行为得失、确定价值取向、作出道德选择提供了基本准则。只有树立正确的荣辱观，分清是非荣辱、明辨善恶美丑，才能形成正确的价值判断，形成良好的道德风尚。

四、社会主义核心价值体系的本质规定性

搞社会主义必须从实际出发，建设社会主义核心价值体系也必须紧密结合国情，既要坚持社会主义的普遍价值，又要将其与中国国情结合起来。中国特色社会主义决定了我们所要建设的社会主义核心价值体系其实是中国特色社会主义核心价值体系，而不是一般的普遍意义上的社会主义核心价值体系。它是中国特色社会主义的现实核心价值体系与观念核心价值体系的统一，是社会主义理论、实践、制度的本质体现。

社会主义核心价值体系是社会主义本质属性的集中体现，而不是各种社会属性及其文化精华的简单集成。社会主义核心价值体系是社会主义实践与制度根本价值取向的集中表达，要从中国特色社会主义的现实实践与基本制度来概括社会主义核心价值，而不能单凭良好愿望和主观好恶去概括。①社会主义核心价值体系是为了人民、属于人民的，是中国最广大

---

① 杨信礼等：《中国特色社会主义核心价值体系研究》，中共中央党校出版社，2014，第20页。

人民根本利益的集中反映。社会主义核心价值体系是中国共产党人的理想追求与价值承诺，昭示了当代中国发展进步的方向。社会主义核心价值体系是社会主义意识形态的本质体现，是社会主义本质的观念反映与理论表现，是中国特色社会主义的思想基石。社会主义核心价值体系的精神内核和根本原则是社会主义核心价值观，社会主义核心价值观是反映中国特色社会主义实践、理论与制度的根本价值取向以及反映现时代中国人民核心利益的主导性、根本性的现实核心价值和观念核心价值的统一。

五、社会主义核心价值体系的功能作用

社会主义核心价值体系作为历史规律的反映、时代精神的精华、人民利益的体现、意识形态的本质、思想文化的核心、社会进步的坐标、科学发展的动力、民心凝聚的纽带、高尚人生的灯塔，具有巨大的教育、导向、凝聚、鼓舞、激励、规范、整合的功能，发挥着提供理论、坚定理想信念、引领社会风尚、塑造理想人格、指引社会发展的重要作用，对中国共产党治国理政实践、建设社会主义现代化强国、实现全体人民的身心完善和全面发展意义重大。[1]

社会主义核心价值体系是社会主义制度的本质规定，是中国特色社会主义制度的思想根基和价值导向，建设社会主义核心价值体系有利于巩固和发展社会主义制度。社会主义核心价值体系是社会主义意识形态的本质

---

[1] 杨信礼等：《中国特色社会主义核心价值体系研究》，中共中央党校出版社，2014，第24页。

体现，是社会主义经济政治的集中反映，建设社会主义核心价值体系有利于巩固马克思主义指导地位。社会主义核心价值体系倡导主流价值，引领社会思潮，建设社会主义核心价值体系有利于巩固党和人民的共同思想基础。社会主义核心价值体系倡导一切有益于国家富强、民族团结、人民幸福的思想和精神，建设社会主义核心价值体系有利于推动科学发展、保持良好精神状态、促进社会和谐。社会主义核心价值体系有益于增强中华民族的凝聚力、提高中华民族的创新力、扩大中国的国际影响力，建设社会主义核心价值体系有利于提升国家的文化软实力。

十七届六中全会指出："社会主义核心价值体系是兴国之魂，是社会主义先进文化的精髓，决定着中国特色社会主义发展方向。"[①]在中国特色社会主义道路的探索实践中，将社会主义核心价值体系视为"兴国之魂"，是继经济建设是"兴国之要"、四项基本原则是"立国之本"、改革是"强国之路"等重要论断后，党提出的又一项具有重大历史意义和深远影响的论断。这一重要论断不仅从意识形态和文化建设层面，更从中国特色社会主义事业整体布局的高度，深刻地揭示了社会主义核心价值体系建设在中国特色社会主义事业全局中的重要作用和战略地位。无论从生命结构中"魂"与"体"的辩证关系来看，还是从韦伯关于资本主义的论述来看，或从实用主义精神在美国崛起过程中所起到的实际作用来看，建设社会主义核心价值体系对中国特色社会主义事业都有着至关重要的意义，它不仅为中国特色社会主义建设指明方向，而且还为之提供强大精神动力和价值支撑。社会主义核心价值之所以是社会主义先进文化的精髓，就在

[①]《中共中央关于深化文化体制改革 推动社会主义文化大发展大繁荣若干重大问题的决定》，人民出版社，2011，第11页。

社会主义核心价值体系的精神引领

于它不仅从根本上体现了社会主义先进文化的基本内涵和社会性质，而且规定了社会主义先进文化建设的指导思想、总体目标、内在动力和基本规范。马克思主义指导思想决定了社会主义先进文化必须以马克思主义为指导，中国特色社会主义共同理想为社会主义先进文化确立了主题内容和总体奋斗目标，民族精神和时代精神为社会主义先进文化建设提供了强大精神支撑，社会主义荣辱观为社会主义先进文化建设打下了坚实道德基础。社会主义先进文化建设与社会主义核心价值体系之间存在着深刻的内在一致性，前者是"形"，后者是"神"，社会主义先进文化建设的过程必将是社会主义核心价值体系不断深化推进的过程。举什么旗、走什么路，是关系国家发展的一个根本性的问题。作为社会主义意识形态的本质体现、社会主义先进文化的精髓，社会主义核心价值体系是党对一系列重大理论问题进一步深化认识的结果，从某种程度上说，社会主义核心价值体系构成了中国特色社会主义理论体系的内核，坚持社会主义核心价值体系也就是高举中国特色社会主义旗帜，走中国特色社会主义道路。从当前中国特色社会主义道路发展的内外环境来看，只有高举社会主义核心价值体系这面"精神旗帜"，才能有效地整合引领各种各样的价值观念，形成大多数社会成员认同和接受的价值共识，从而为中国特色社会主义建设提供有力的精神支撑并创造稳定和谐的社会环境。也只有高举社会主义核心价值体系这个"思想武器"，才能有效地抵御不良文化与价值观念的侵扰和腐蚀，进而打牢全党全国各族人民团结奋斗的思想基础，筑就中国特色社会主义发展的生命线。因此，社会主义核心价值体系不仅为中国特色社会主义的发展提供了科学的理论指导、共同的理想信念、强大的精神力量和基本的道德规范，而且也是中国特色社会主义在任何历史条件下都能沿着正确方向前行的思想保证。①

六、社会主义核心价值体系建设的重大意义

社会主义核心价值体系建设的主要任务就是要始终坚持马克思主义指导思想、大力弘扬以爱国主义为核心的民族精神和以改革创新为核心的时代精神、牢固树立以"八荣八耻"为主要内容的社会主义荣辱观,并要全面统领社会主义精神文明建设,努力构建社会主义和谐社会。而大力弘扬民族优秀文化传统,积极借鉴人类有益文明成果,牢牢把握社会主义先进文化的前进方向,充分调动一切积极因素,激发活力、凝聚力量,进一步打牢全党全国各族人民团结奋斗的思想道德基础,使其成为各民族奋发向上的精神力量和团结和睦的精神纽带,这些是构建社会主义核心价值体系的重要保证和基本任务。新中国成立以来特别是改革开放40年来,我国社会主义核心价值体系建设成效显著,具有理论、实践等多方面的重大意义。

(一)社会主义核心价值体系建设的理论意义规定性

建设社会主义核心价值体系,既是当代中国精神的集中体现,也是社会主义制度的内在需求,还是建设和谐社会的客观要求。社会主义核心价值体系是中国特色社会主义制度体系的精神支撑和思想灵魂,它决定着

---

①杨明等:《社会主义核心价值体系论纲》,南京大学出版社,2013,第106页。

社会主义核心价值体系的精神引领

中国特色社会主义的发展模式、发展道路、体制机制、发展动力和目标任务等要素，在所有中国特色社会主义的价值目标中处于统摄地位和支配地位。没有社会主义核心价值体系的引领和主导，构建社会主义和谐社会就会迷失方向。我们必须深刻认识和科学把握社会主义核心价值体系的丰富内涵和精神实质，才能真正保证推进中国特色社会主义各项事业前进的正确方向和科学路径。

社会主义核心价值体系是推动社会和谐稳定发展的精神纽带，也是不断推动经济社会各项事业发展进步的精神动力，它是指引全社会奋勇向前的鲜明的精神旗帜。要巩固马克思主义在意识形态领域的指导地位，必须努力形成各民族奋发向上的精神力量以及团结和睦的精神纽带。全体社会成员在思想上、道德上共同进步的根本在于建设社会主义核心价值体系，而建设社会主义核心价值体系既是我们党理论创新的一个重大成果，也是加强社会主义和谐文化、和谐社会建设的重大举措。

（二）社会主义核心价值体系建设的实践意义

社会主义核心价值体系为中国特色社会主义发展指明了方向，是社会主义先进文化的兴国之魂，是引领人民群众爱国拥党的爱国之基，是发展中华优秀传统文化的强国之要。社会主义先进文化是社会主义核心价值体系的本质体现，是全党全国各族人民团结奋斗的共同思想基础，是实现科学发展、建设和谐社会的决定性因素，是国家文化软实力的核心内容。以马克思主义为指导，面向现代化、面向世界、面向未来的民族的科学的大众的社会主义先进文化，是凝聚中国力量的重要因素，它能够激励人们坚定自己的理想信念，坚持正确的价值追求，积极发扬民族精神和时代精神，通过不断激发自身活力和动力，为中华民族伟大复兴中国梦的实现贡献自己的一份力量。

（三）社会主义核心价值体系建设的国际意义

新时代坚持社会主义核心价值体系，能够塑造和树立良好国家形象，全面增强意识形态领域主导权和话语权。一直以来，国际上一些别有用心者，通过多种渠道散布渲染中国的不文明形态，肆意歪曲、丑化，甚至妖魔化中国的形象，给我们的国家和人民造成了一定的负面影响。而通过社会主义核心价值体系的精神引领，能够向全世界传达我们国家所坚守的价值立场、价值主张、价值原则和价值遵循；告诉世界中国是一个拥有古老历史的文明国家，有着自由平等和谐的社会，拥有爱国敬业诚信和友善的公民；告诉世界中国不但是一个五千年文明从未间断的文明古国，也是一个正在逐渐走向现代化的伟大国度。正因如此，向世界介绍社会主义核心价值体系才在很大程度上增进国际社会对中国的正确认识和理解，扩大中华文化的世界影响，展示中国特色社会主义的美好形象；有利于逐步打破西方的话语垄断、舆论垄断，增强社会主义意识形态的竞争力；有力地与他国达成价值共识，掌握话语权，赢得主动权。

第一章
坚持马克思主义指导思想

众所周知,我们立党立国的根本指导思想是马克思主义。它是社会主义核心价值体系的灵魂,为社会主义核心价值体系提供根本立场、观点和方法。正因如此,马克思主义对社会主义核心价值体系发挥着理论基础和精神支柱的作用,决定着社会主义核心价值体系的根本性质和发展方向。

一、马克思主义指导思想概述

(一)马克思主义是立党立国的根本指导思想

毛泽东指出:"领导我们事业的核心力量是中国共产党,指导我们思想的理论基础是马克思列宁主义。"[1]毛泽东是把马克思列宁主义与党的指导思想紧密结合在一起的光辉典范,他指明党的一切工作指导思想的理

---

[1]《建国以来毛泽东文稿》(第四册),中央文献出版社,1990,第554页。

第一章　坚持马克思主义指导思想

论基础是马列主义。我国革命、建设、改革的历史充分证明，我们党的历史就是一部马克思主义中国化的历史，没有马克思主义就没有社会主义新中国，没有马克思主义及其在中国的新发展就没有新时代中国特色社会主义。

我们党是马克思主义政党，坚持马克思主义的指导地位是近代以来我国发展历程赋予的规定性和必然性。不断推进马克思主义中国化来提高中国特色社会主义建设和改革实践的能力和水平，具有鲜明的科学性和真理性，是我们认识世界、改造世界的强大思想武器。马克思主义学习型政党的本质要求是在任何时候任何情况下，都必须坚持马克思主义的指导地位。一旦失去正确的指导思想和理论基础，党和国家的事业就会迷失方向甚至出现重大挫折和失败，这在历史上是有过惨痛教训的。坚持马克思主义的指导地位也是巩固马克思主义在意识形态领域指导地位的需要。我们党一个最显著的标志和最鲜明的品格，就是始终坚持把马克思主义作为立党立国的根本指导思想，这也是全党全国人民团结一致、始终沿着正确方向前进的根本思想保证。坚持马克思主义的指导地位更是不断为党和国家事业提供强有力的理论指导的需要。时代在飞速前进，当代中国已站在一个战略机遇期、黄金发展期和矛盾凸显期同时并存的新的历史起点上，推动科学发展、促进社会和谐的任务艰巨而繁重。要不断把中国特色社会主义推向前进，我们必须继续高度关注什么是马克思主义、怎样对待马克思主义，什么是社会主义、怎样建设社会主义，建设什么样的党、怎样建设党，实现什么样的发展、怎样发展等重大问题，坚持以马克思主义及其中国化的最新成果为指导，在总结实践经验的基础上提出新的理论概括，增强理论说服力和感召力，丰富发展已有的中国特色社会主义理论体系，本着总结前人启示后人的原则,为进一步认识世界和改造世界、推动党和国家事业发展提供强有力的理论指导。

(二)坚持马克思主义指导地位的缘由

1. 坚持马克思主义为指导是中国历史社会发展的必然选择

马克思和恩格斯都认为,任何一个政党都有自己的"旗帜"。旗帜是昭示自己奋斗目标与鞭策自己行为的理论方向。中国共产党的旗帜就是马克思主义。把马克思主义确立为我们立党立国的根本指导思想,是历史的选择、人民的选择。面对深重的民族灾难,中国人民进行了不屈不挠的斗争,无数有志之士苦苦探求救国救民的真理。这时候各种主义和主张轮番登场并先后破灭了,各种组织和政党在登台不久后都退出了历史舞台。直到中国人民找到马克思主义这一科学理论后,才从根本上解决了中国的前途和命运问题。正如习近平所说:"马克思主义第一次站在人民的立场探求人类自由解放的道路,以科学的理论为最终建立一个没有压迫、没有剥削、人人平等、人人自由的理想社会指明了方向。马克思主义之所以具有跨越国度、跨越时代的影响力,就是因为它植根人民之中,指明了依靠人民推动历史前进的人间正道。"[1]

90多年来,中国共产党之所以能指导中国革命、建设和改革不断走向胜利,正是因为把马克思主义基本原理同中国实际相结合,形成了马克思主义中国化的理论成果,这些理论成果具有鲜明的科学性和真理性,我国革命、建设和改革实践的胜利进一步证明我们认识世界、改造世界的强大

---

[1] 习近平:《在纪念马克思诞辰200周年大会上的讲话》,《人民日报》2018年5月5日。

思想武器是马克思主义。

2. 坚持马克思主义为指导是中国经济社会发展的根本要求

马克思主义认为:"统治阶级的思想在每一个时代都是占统治地位的思想。这就是说,一个阶级是社会上占统治地位的物质力量,同时也是社会上占统治地位的精神力量。"世界上任何一个国家,不局限于社会主义国家,都要竭力维护和发展其占统治地位的意识形态,目的是为了巩固其政治统治,这也是一个客观的事实。因为在任何意识形态领域起主导作用的社会,都是由其起主导作用的经济基础决定的。而这一人类社会发展规律的反映,正是指导思想一元化。同时,指导思想作为上层建筑的核心和灵魂,既是上层建筑的重要内容,也对维护上层建筑起着关键作用。指导思想或主导意识形态提供理论指导、价值导向和精神支撑,同时也推进社会制度的巩固和完善,必然集中反映出统治阶级的意志和思想。

我国是共产党领导的人民民主专政的社会主义国家,这决定了我们在意识形态领域只能以马克思主义作为党和国家的指导思想。是马克思主义理论指引我们取得了新民主主义革命、社会主义革命的伟大胜利,进一步推进了中国特色社会主义伟大事业。在综合国力竞争日趋激烈的今天,西方敌对势力十分不愿意看到中国发展壮大,不愿意让社会主义的力量在世界上占有优势,西方反动势力对我们的渗透与颠覆是长期的、复杂的。在这个时代,更多的是意识形态领域没有硝烟的战争,这种战争是异常激烈的。在如此严峻的国际形势下,如果我们放弃马克思主义在我国意识形态领域的指导地位,搞指导思想的自由化和多元化,那么就是搬起石头砸自己的脚,就会自毁前程、自陷困境。而中国经济社会想要稳定持续发展,必须坚持马克思主义为指导,这是中国各项事业发展的根本要求。

（三）矢志不渝地坚持以马克思主义及其中国化成果为指导

在当代中国，坚持马克思主义就是坚持中国化的马克思主义，只有中国化的马克思主义才能作为继续推进改革开放和现代化建设的指导思想。中国共产党强调中国特色社会主义理论体系与马克思列宁主义、毛泽东思想既一脉相承又与时俱进，强调马克思主义与时俱进的理论本质，也强调中国特色社会主义理论体系的马克思主义本源和本质。

随着时代的飞速发展，各大理论的摩擦显得格外激烈。各大领域之间的摩擦更是频繁，而其中出现更多的是曲解和误判。在当代意识形态领域的理论斗争中，历史唯物主义受到了那些无法真正理解马克思主义的人的攻击，马克思主义被他们攻击得一无是处、毫无道理，而所谓的经济决定论、宿命论或机械决定论之类的攻击与诬蔑更是不胜枚举，这是他们对一种进步思想的诋毁。面对马克思主义不断受到各种挑战、曲解、诬蔑的严峻形势，我们应当义无反顾地去拥护马克思主义，批评那些因为无法理解而无视马克思主义的破坏者们千奇百怪的思想。随着我国经济的迅猛发展，我们深深地感受到，改革越深入，意识形态领域的斗争就越激烈。正是因为如此，我们更应当坚定自己的立场。在理论领域，我国的确存在少数人反对毛泽东和毛泽东思想的"非毛化"思潮、反对和攻击社会主义的反社会主义思潮。少数人对毛泽东的评价偏向"更弦易辙"，他们将许许多多发展过程中遇到的挫折归咎于毛泽东，不断揭露改革前社会主义的所谓黑暗面。他们因为缺乏对我国国情的了解，缺少对中国特色社会主义国家建设的认识，因此宣称新中国成立以来的成就来自资本主义的发展，而不是来自社会主义制度的优越性。这种种混淆是非的说法无疑都是想迷惑那些未能正确理解中国特色社会主义的人民群众。

中共中央为了巩固马克思主义在意识形态中的指导地位，在国家层面的各类活动中突出强调国家执政理念。习近平在纪念马克思诞辰200周年大会上特意说明："马克思给我们留下的最有价值、最具影响力的精神财富，就是以他名字命名的科学理论——马克思主义。这一理论犹如壮丽的日出，照亮了人类探索历史规律和寻求自身解放的道路。"①同时各大高校开展马克思主义理论建设工程，大力提倡和宣传社会主义核心价值观，高度重视当代中国马克思主义理论研究。苏共执政70年，亡党失政；中国共产党建党90多年、全面执政70年，依然朝气蓬勃。在中国特色社会主义道路上奋勇前进，我们有自己的经验，有苏共的教训，中国共产党和中国人民一定能对人类、对世界社会主义运动作出自己应有的贡献。

坚持马克思主义指导地位跟学术贫困化、理论一律化没有丝毫关系，坚持马克思主义指导地位不是"罢黜百家，独尊'马'术"。中国共产党在提倡坚持马克思主义指导地位的同时，强调要在学术领域贯彻"双百"方针。在这个问题上我们曾经有过"左"的错误和干扰，但这不影响党对新方针的制定实施。指导思想的一元性问题与学术中的各种风格流派的多样性问题完全是两个不同层次的问题。一个是用什么样的世界观和方法论作为研究的指导的问题，另一个是具体的学术观点和流派的问题。

习近平指出："马克思主义是我们立党立国的根本指导思想。背离或放弃马克思主义，我们党就会失去灵魂、迷失方向。在坚持马克思主义指导地位这一根本问题上，我们必须坚定不移，任何时候任何情况下都不能

---

① 习近平：《在纪念马克思诞辰200周年大会上的讲话》，《人民日报》2018年5月5日。

有丝毫动摇。"[1]中国共产党近百年非同凡响的艰苦历程从正反两方面证明，不论是中国革命、建设，还是改革开放的成功，都与马克思主义有着密不可分的联系，马克思主义是中国共产党在历史发展中不可或缺的指导思想。正是在不断发展着的马克思主义的指导下，中国社会发生了近代以来乃至数千年文明史上最巨大的变化。离开马克思主义的指导，中国共产党就会失去先进性；离开马克思主义的指导，中国特色社会主义就会迷失方向。所以，习近平强调："坚持不忘初心、继续前进，就要坚持马克思主义的指导地位，坚持把马克思主义基本原理同当代中国实际和时代特点紧密结合起来，推进理论创新、实践创新，不断把马克思主义中国化推向前进。"[2]

二、马克思主义指导思想是社会主义核心价值体系的灵魂

马克思主义是一个科学理论体系，它之所以成为社会主义核心价值体系的灵魂，主要是由当代中国经济社会发展的历史必然、客观要求和马克思主义的理论品质和丰富内涵所决定的。马克思主义的很多思想理念不仅是社会主义核心价值体系最重要的内容，而且还作为灵魂贯穿于整个体系的每个领域、每个环节、每个层面，它们共同构成了一个相互联系、有机统一、完整严密、具有逻辑结构的价值观念体系。建设社会主义核心价值体系，最根本也是最核心的就是要始终坚定不移地坚持马克思主义的指导

---

[1] 习近平：《在庆祝中国共产党成立95周年大会上的讲话》，《人民日报》2016年7月1日。
[2] 习近平：《在庆祝中国共产党成立95周年大会上的讲话》，《人民日报》2016年7月1日。

地位，矢志不渝地以马克思主义中国化的全部理论成果去武装全党、教育人民。

（一）马克思主义奠定社会主义核心价值体系的基础和内核

马克思主义是一个极为完整严密的科学理论体系，主要由辩证唯物主义、历史唯物主义、政治经济学和科学社会主义等部分组成。马克思主义揭示了自然界、人类社会和历史发展最根本、最重要的规律，它为世界各国无产阶级指明了自由解放的必然道路，可以说它实现了人类思想史上最具影响力、最具划时代意义的根本变革。历史和实践都充分表明，马克思主义是全面构建并践行社会主义核心价值体系的理论基础、指导思想和科学指南。当今中国的社会主义核心价值体系如果背离了马克思主义的科学指导，必将迷失方向，必将软弱无力，必将沦为西方资本主义意识形态的附庸。

（二）马克思主义指明社会主义核心价值体系的立场和方法

马克思主义从来不是需要人们背得烂熟并机械地加以重复的书本上的教条，而是必须与实际紧密联系并加以创造性运用的行动指南。早在抗日战争时期，毛泽东就告诫我们："不但应当了解马克思、恩格斯、列宁、斯大林他们研究广泛的真实生活和革命经验所得出的关于一般规律的结论，而且应当学习他们观察问题和解决问题的立场和方法。"[1]改革开放以来，我们党一贯强调要紧密结合当今时代特征和中国具体国情，掌握

---

[1]《毛泽东选集》（第二卷），人民出版社，1991，第533页。

马克思主义基本理论，运用马克思主义的根本立场和根本方法，解决建设中国特色社会主义所面临的新的矛盾和问题，增强我们工作的"原则性、系统性、预见性和创造性"，防止一些同志"在日益复杂的斗争中迷失方向"。随着改革开放的不断推进，人们思想活动的独立性、选择性、多变性、差异性日益增强，社会意识空前活跃，文化思潮相互激荡，价值观念出现了多样化的趋势。在这种新的历史条件下，我们更加需要把马克思主义的基本原理同社会发展的实际结合起来，用中国化的马克思主义的最新成果即习近平新时代中国特色社会主义思想来解决现实问题，积极回应国内外各种思想文化和社会思潮的不断挑战，进而保证社会主义核心价值体系顺利而迅速地孕育和生长。

（三）马克思主义决定社会主义核心价值体系的性质和方向

马克思主义为社会主义核心价值体系提供正确的世界观，对社会主义核心价值体系起到思想基础建立和理论支撑作用。我们必须正确把握建设社会主义核心价值体系的历史条件、本质要求和客观规律，运用好马克思主义解决影响当代中国价值观念传承与变革的重大理论和现实问题，促进社会主义核心价值体系的发展。以马克思主义唯物史观为依据作出价值选择，是现阶段我国各族人民在中国共产党的领导下，把马克思主义指导思想转化为对美好未来的向往、认同和追求的集中体现。中国特色社会主义共同理想与马克思主义指导思想在价值目标方面的结合，主要体现在以下诸多方面：以马克思主义的唯物史观为依据而作出的价值选择；以爱国主义为核心的民族精神和以改革创新为核心的时代精神与马克思主义指导思想在价值诉求方面相结合，以马克思主义的民族观和时代观为依据而形成的价值理念；社会主义荣辱观与马克思主义指导思想在价值判断方面相契合，以马克思主义道德观为依据而形成的价值准则。这些内容共同组成了中国特色社会主义共同理想。

三、如何坚持马克思主义在社会主义核心价值体系中的指导地位

建设社会主义核心价值体系，最根本的是坚持马克思主义的指导地位。我国是社会主义国家，中国共产党是中国特色社会主义事业的坚强领导核心，党政军民学，东南西北中，党是领导一切的，马克思主义是我们党的根本指导思想，这就决定了马克思主义是中国特色社会主义意识形态的旗帜。马克思主义指导思想决定了社会主义核心价值体系的性质和方向，是社会主义核心价值体系的灵魂。随着我国经济社会发生深刻变化，社会意识出现复杂化和多样化倾向。面对这种情况，我们必须更加坚定地坚持马克思主义的指导地位不动摇，坚持用发展着的马克思主义指导中国特色社会主义的改革、建设与实践，牢牢掌握马克思主义在意识形态领域的指导权、主动权、话语权。在这个前提下，尊重差异，包容多样，充分挖掘和鼓励不同阶层、不同群体所蕴含的积极向上的思想观念，最大限度地形成思想共识，凝聚力量，齐心协力建设中国特色社会主义。但尊重差异，包容多样，绝不是允许各种反马克思主义的社会思潮滋长，更不允许动摇我们的主流意识形态。必须始终高举马克思主义的旗帜，始终坚持用马克思主义中国化的最新成果武装全党、教育人民，不断巩固和发展社会

主义意识形态。

（一）将马克思主义作为社会主义核心价值体系的理论方向

马克思主义指导思想决定着社会主义核心价值体系的性质和方向。马克思主义作为人类历史上最科学、最先进、最严密的思想体系，自传入中国以来就不断与中国实际相结合，并与时俱进，成为中国人民认识世界、改造世界的强大思想武器，是我们党立党立国的根本指导思想，是全党全国各族人民的共同精神支柱。只有用马克思主义的观点来认识人类社会，用发展着的马克思主义指导实践，才能在当今瞬息万变错综复杂的社会中明确前进方向。

社会主义的发展、建设社会主义核心价值体系的理论基础都离不开马克思主义以及马克思主义所阐明的世界观和方法论，马克思主义是建设社会主义核心价值体系的指明路灯。改革开放40年，人们的思想活动趋于独立化、多元化，价值观念趋于多样化。在当代中国特色社会主义发展进程中，要切实解决影响当代中国价值观念传承和变革的重大理论与现实问题，只有自觉地坚持马克思主义的立场和方法，才能积极回应国内外各种思想文化和社会思潮的挑战，进而保证社会主义核心价值体系顺利而迅速地孕育和生长。

社会主义核心价值体系的根本性质和发展方向取决于马克思主义。社会主义"以人为本"的基本理念来自于马克思主义历史唯物主义的鲜明立场。而以中国特色社会主义为共同理想、以爱国主义为核心的民族精神和以改革创新为核心的时代精神、社会主义荣辱观则忠实反映并代表了中国最广大人民的根本利益。马克思主义作为时代灵魂贯穿于该体系的每个领域和层面,是社会主义核心价值体系最重要的组成部分。它们构成了一个相互联系、有机统一、完整严密的价值观念体系。

首先,中国特色社会主义共同理想是以马克思主义的唯物史观为依据而作出的价值选择,它与马克思主义指导思想在价值目标方面相契合。其次,以马克思主义的民族观和时代观为依据而形成的价值理念目标,其指导思想与以爱国主义为核心的民族精神和以改革创新为核心的时代精神在价值诉求方面相契合。最后,以马克思主义民族观和时代观为依据而形成的价值理念与社会主义荣辱观在价值判断方面相契合。而马克思主义指导思想在道德领域的生动体现,则是马克思主义道德观与我国社会主义道德建设实践相结合的重要成果,这为社会主义核心价值体系树立了新的标杆。

(二)将马克思主义作为社会主义核心价值体系的行动指南

世事交替,时代更迭,人类社会不断经历着巨大变化,但对资本主义制度的科学剖析以及对未来社会制度的科学预测仍然离不开马克思主义,它鼓舞和指导着共产党人为社会进步和人类幸福而不懈奋斗。我们只有将马克思主义作为社会主义核心价值体系的行动指南,才能完善并健全社会主义核心价值体系。

一是在信仰方面,要坚定马克思主义对社会主义核心价值体系的发展需求。要坚定理论自觉、真懂真信马克思主义。只有真正弄懂了马克思主义,才知道它是实在的而不是抽象的,才能在工作中运用马克思主义揭示社会发展规律,更好地进行社会主义建设,才能清晰地识别各种唯心主义观点,更好抵御以历史虚无主义为代表的各种杂音谬论。二是在政治立场方面，要牢固树立以人民为中心的核心理念。为社会主义服务，为人民服务是党的第一要义。当今时代对我国哲学社会科学工作者的要求是坚持人民是历史创造者的观点，树立为人民做学问的理想，尊重人民主体地位，聚焦人民实践创造，自觉把个人学术追求同国家和民族发展紧紧联系在一起，努力多出经得起实践和历史检验的研究成果。这也是在当代中国毫不动摇坚持马克思主义在哲学社会科学领域指导地位的具体体现。三是在思维方法方面，要坚定地掌握"伟大的认识工具"，也就是坚持科学的真理标准即马克思主义的实践标准，拿事实说话。对于马克思主义的先进性、科学性、真理性，习近平给予了高度评价和全面阐述："马克思主义尽管诞生在一个半多世纪之前，但历史和现实都证明它是科学的理论，迄今依然有着强大生命力。……在人类思想史上，还没有一种理论像马克思主义那样对人类文明进步产生了如此广泛而巨大的影响。"四是在学习研究方面，我们要立足中国实际来回答时代问题，推进理论创新。对于当代中国哲学社会科学研究来说，我们要以正在做的事情为中心，从我国改革发展的实践中挖掘新材料、发现新问题、提出新观点、构建新理论。在夯实马克思主义在意识形态领域的指导地位，培育和践行社会主义核心价值观方面，我们取得了显著成效，但仍需要通过理论创新为马克思主义注入源源不断的动力。五是在文化自觉方面，继续解放思想，深化改革开放。解放思想始终是推动党和人民事业发展的强大思想武器，改革开放始终是推动党和人民事业发展的强大动力，要进一步增强贯彻党的思想路线的自觉性，始终坚持解放思想、实事求是、与时俱进，要勇于变革、勇于创新、永不僵化、永不停滞。

(三) 旗帜鲜明地回击各种反马克思主义思潮

马克思主义自诞生以来，批驳反对的声音从未停息，有的指责马克思主义为异端邪说；有的说马克思主义是19世纪工业革命时代的产物，早已过时；有的说马克思主义是革命学说、批判理论，不适合搞社会主义建设；有的说市场经济讲竞争，指导思想也要竞争等。这些说法，在一定程度上看似有理，却具有很大的欺骗性和迷惑性，很容易蒙骗群众，误导舆论。坚持党的指导思想，必须旗帜鲜明地反对各种反马与非马的错误言论。其一，"马克思主义过时论"是废旗陷阱。马克思主义虽然产生于近200年前，但它顺应了时代发展要求，坚持与时俱进，具有重要的时代价值。其二，"马克思主义无用论"是易帜骗局。马克思主义理论不是神话，不可能预测到未来所有的情况，在其著作中也不可能找到解决当代问题的现成答案。正如习近平指出："马克思主义并没有结束真理，而是开辟了通向真理的道路。""今天，时代变化和我国发展的广度和深度远远超出了马克思主义经典作家当时的想象。同时，我国社会主义只有几十年实践，还处在初级阶段，事业越发展新情况新问题就越多，也就越需要我们在实践上大胆探索、在理论上不断突破。"①其三，"指导思想多元论"是夺旗阴招。古今中外，任何一个国家的指导思想都是一元的、排他的。资本主义国家对本国的指导思想阵地严防死守，并且多年来一起通过多种手段对别国进行思想殖民和文化统治。因此，当代中国必须毫不动摇地坚持马克思主义指导地位，坚持姓"马"姓"共"。在课堂、讲坛、论坛上旗帜鲜明地宣讲马克思主义、共产主义、中国特色社会主义，坚决反

---

① 习近平：《在庆祝中国共产党成立95周年大会上的讲话》，《人民日报》2016年7月1日。

对和抵制各种错误思潮，在学科建设上唯"马"是瞻、向"党"靠拢。

（四）巩固马克思主义指导地位的理论保障体系

坚持以马克思主义为指导，坚持马克思主义在意识形态领域的指导地位，我们要健全完善马克思主义教育保障体系。一要培养数量多并且质量高的马克思主义理论人才，高校应该开设马克思主义理论本科专业，招收本科生，从而为建设中国特色社会主义伟大事业储备力量。二要改善党校马克思主义理论干部人才教育体系，党校姓党，所以我们也要信马，只有信马我们才可以信党。三要进一步加强高校思想政治理论教育工作，对各高校各级领导特别是党委书记和校长在思想政治教育上履行"硬约束""强问责"，以提升高校学生思想政治理论教育的实效性。四要健全完善马克思主义宣传保障体系，坚持马克思主义要有广泛的群众思想基础，使人民群众走进马克思主义，认同和信仰马克思主义，党和国家要在健全完善思想政治教育制度保障、组织保障、队伍保障、物质保障、精神保障等方面真抓实干，抓出成效。

（五）深入推进马克思主义理论研究和建设工程

马克思主义理论研究和建设工程是巩固马克思主义在意识形态领域指导地位的基础工程，是一项重大的理论创新工程。2004年1月中央发出《关于进一步繁荣发展哲学社会科学的意见》，正式提出实施马克思主义理论研究和建设工程；2004年4月中央召开马克思主义理论研究和建设工程工作会议，标志着这一工程正式启动；2004年8月，党中央国务院发出《关于进一步加强和改进大学生思想政治教育的意见》，提出要努力形成

第一章 坚持马克思主义指导思想

以当代中国马克思主义为指导的哲学社会科学学科体系和教材体系；2005年5月，中宣部教育部联合下发《关于加强和改进高等学校哲学社会科学学科体系与教材体系建设的意见》，提出要大力开展马克思主义理论研究，在一级学科中设立马克思主义理论学科。

自马克思主义理论研究和建设工程实施以来，获得了一系列重要研究成果，在推进党的思想理论建设、繁荣发展哲学社会科学方面发挥了龙头作用、基础作用和导向作用。[1]其主要成果表现在六个方面：马克思主义经典编译和基本观点研究取得重大突破，为坚持和发展马克思主义提供了重要依据；不断深化对中国特色社会主义理论体系的学习研究和宣传，有力推动了用马克思主义中国化最新成果武装头脑；紧密结合改革开放和现代化建设实际，围绕干部群众关心的重大问题进行宣传和引导，为服务党和国家工作大局作出了积极贡献；哲学社会科学学科体系和教材体系建设深入推进，为哲学社会科学繁荣发展奠定了重要基础；高校思想政治理论课建设全面加强，从根本上扭转了高校思想政治理论课教学一度弱化的状况；高度重视人才培养和队伍建设，为凝聚和造就马克思主义理论人才搭建了重要平台。[2]

深入推进马克思主义理论研究和建设工程，是我们党在新的历史起点上坚持和发展马克思主义的重要举措，也是新形势下贯彻落实十九大精神、增强文化自觉和文化自信的必然要求。深入推进这一工程，有利于巩固和发展马克思主义在意识形态领域的指导地位，增强话语权，提高国家软实力和国际影响力；有利于加强社会主义核心价值体系建设，不断巩固

---

[1]李长春：《在马克思主义理论研究和建设工程工作会议上的讲话》，《人民日报》2012年6月4日。

[2]杨明等：《社会主义核心价值体系论纲》，南京大学出版社，2013，第138页。

全党全国各族人民团结奋斗的共同思想道德基础，也有利于党在复杂的时代条件下保持先进性、纯洁性，增强为党和人民事业不懈奋斗的自觉性、坚定性。

（六）大力推进学习型政党建设

从世情来看，当今世界正处于大发展、大变革、大调整时期，如何在日趋激烈的综合国力竞争中赢得发展主动权，对理论工作者提出了新的更高要求。从国情来看，改革开放和现代化建设进入关键阶段，如何开拓中国特色社会主义更为广阔的发展前景，也对理论工作者提出了新的更高要求。从党情来看，当前党所处的历史方位和执政环境发生深刻变化，如何提高党的执政能力，保持和发展党的先进性和纯洁性，更对理论工作者提出了更高要求。面对世情、国情、党情的深刻变化，我们一定要居安思危，不断学习、善于学习，努力掌握和运用一切科学的新思想、新知识、新经验，这是中国共产党始终走在时代前列引领中国发展进步的关键性因素。坚持把马克思主义作为立党立国的根本指导思想，紧密结合我国国情和时代特征大力推进理论创新，在实践中检验真理、发展真理，用发展着的马克思主义指导新的实践，是建设马克思主义学习型政党的首要任务。推进马克思主义学习型政党建设的重要内容就是用中国特色社会主义理论体系武装全党，党员领导干部要做"真学、真懂、真信、真用"的表率，着力提高理论素养和解决实际问题的能力。建设马克思主义学习型政党的重要任务就是学习践行社会主义核心价值体系，要把理想信念教育作为全党学习践行社会主义核心价值体系的重中之重，教育和引导党员毫不动摇地坚持马克思主义指导思想，做共产主义远大理想和中国特色社会主义共同理想的坚定信仰者。要加强党的意识形

第一章 坚持马克思主义指导思想

态工作，筑牢思想防线，自觉划清马克思主义同反马克思主义的界限，坚决抵制各种错误思想影响，始终保持立场坚定，头脑清醒。

马克思主义政党正是由于努力掌握和自觉运用人类创造的先进理论成果和最新科学知识，才能够始终保持理论和实践上的先进性，成为引导社会发展进步的坚强力量。我们党历来重视学习、善于学习，党领导中国革命建设改革的历史就是一部创造性学习的历史。近百年来，我们党的事业取得的每一个胜利都是全党通过加强学习、全面提升能力的结果。进入改革开放新时期，我们党更是以与时俱进的态度加强学习，重视学习能力和创新能力建设，号召全党努力学习一切有利于中国特色社会主义发展的新知识，积极借鉴人类文明的一切有益成果。特别是进入新世纪、新阶段，党中央把学习放在更加突出的位置，强调建设学习型党组织和学习型政党，推动了全党学习热潮的不断兴起。中国特色社会主义进入新时代，国际形势深刻变化、科技进步日新月异、知识更新不断加快，国内改革发展稳定和党建的新情况新问题层出不穷，加强学习的任务比以往任何时候都更为紧迫。作为共产党人，如果放松学习，思想落后于形势，就会丧失先进性。我们要按照建设马克思主义学习型政党的要求，引导广大党员干部把加强学习作为一种精神追求，深入学习和掌握马克思主义和中国化马克思主义理论，始终保持理论上的清醒和政治上的坚定；坚持爱读书、善读书、读好书，努力学习掌握人类创造的一切新知识新思想，不断开阔眼界和思路；坚持学以致用、用有所成，自觉把学习成果转化为推动社会发展和造福人民的真正本领。[1]

---

[1] 杨明等：《社会主义核心价值体系论纲》，南京大学出版社，2013，第133—134页。

第二章
牢固树立共产主义远大理想和中国特色社会主义共同理想

习近平指出:"理想信念是共产党人精神上的钙,身体缺了钙会得软骨病,精神缺了钙就会容易被糖衣炮弹击中崩溃,因此必须加强思想政治建设,解决好三观这个'总开关'问题。"崇高的理想信念、不懈的精神追求始终是共产党人保持先进性的力量源泉和精神支柱,是共产党人的立身之本。坚持社会主义核心价值体系除了必须坚持马克思主义,还应牢固树立共产主义远大理想和中国特色社会主义共同理想。共产主义远大理想和中国特色社会主义共同理想,是中国共产党人的精神支柱和政治灵魂,也是保持党的团结统一的思想基础。二者关系密切,共同理想是前提基础,远大理想是最高目标;离开共同理想谈远大理想是空谈,离开远大理想谈共同理想会迷失方向。其中,共产主义理想是建立在科学基础上的社会理想,是人类历史上最崇高的社会理想,实现共产主义是共产党的远大理想和最高纲领。共产主义远大理想是树立社会主义核心价值体系的愿景,只有树立共产主义远大理想才能"不忘本来、吸收外来、面向未来","更

第二章　牢固树立共产主义远大理想和中国特色社会主义共同理想

好构筑中国精神、中国价值、中国力量，从而为人民提供精神指引"①。社会主义核心价值体系的主题是中国特色社会主义共同理想。有共同理想才能有共同步调，中国特色社会主义共同理想，能把党在社会主义初级阶段的目标、国家的发展、民族的振兴与个人的幸福紧紧联系在一起，在中国共产党领导下实现中华民族的伟大复兴。它通过实践的检验，包含着丰富的社会共识，有令人信服的广泛性、包容性和必然性，有强大的亲和力、感召力和凝聚力。

一、共产主义远大理想和中国特色社会主义共同理想概述

（一）共产主义远大理想概述

1. 正确认识实现共产主义的必然性、规律性

共产主义是马克思对人类社会历史发展的一种认知理论，同时它也是一种社会制度、一种社会形态、一种革命运动，它完全符合并顺应人类社会的历史发展规律和历史潮流。1847年6月，马克思、恩格斯创立了共产主义者同盟，这是世界范围内第一个拥有先进理论指导的无产阶级政党。他们发表的《共产党宣言》也是国际共运史上第一个具有纲领性、先进性、标杆性的文献，引领世界各国的共产主义运动和无产阶级政党的建设。

---

① 习近平：《决胜全面建成小康社会　夺取新时代中国特色社会主义伟大胜利——在中国共产党第十九次全国代表大会上的报告》，《人民日报》2017年10月18日。

社会主义核心价值体系的精神引领

1864年9月，第一国际这一国际工人组织指导欧洲各国工人开展革命斗争，特别是巴黎公社实现了无产阶级专政的首次伟大尝试。1869年8月，德国社会民主工党成功创立，这为世界各国无产阶级斗争树立了榜样，具有重要的国际意义。随后，越来越多国家的无产阶级政党开始逐步建立起来，国际共产主义运动逐渐蓬勃发展，并慢慢形成了一个个富有战斗力的、有领导有组织有纪律的群众性政党。他们在马克思、恩格斯的相关理论指导下，立足各自国情，制定了一些具有革命性的理论纲领与斗争策略，逐步赢得本国工人群众的支持，成为开展革命斗争的坚强领导核心。随着国际共产主义运动和工人运动的迅猛发展，很多国家特别是欧洲一些国家的无产阶级政党与工人阶级之间，希望能够加强国际团结、国际合作，抱团取暖，共同反对资产阶级，于是在1889年7月第二国际应运而生。1903年，布尔什维克党成功创立，这是一个新型的无产阶级政党，继承并发展了马克思主义，成功创立了列宁主义，在国际共运史上产生巨大影响，极富国际意义。1919年3月，共产国际（第三国际）第一次代表大会在莫斯科成功召开，这意味着马克思主义和列宁主义在世界范围内更为广泛地传播扩散开来，对各国共产主义运动均产生了重要影响，国际共产主义运动真正成为世界各大洲具有世界规模和国际影响力的无产阶级群众性运动。

在第二次世界大战中，全世界共产党人以不怕牺牲的国际主义精神勇敢地站在世界反法西斯斗争的最前列，带领世界各国的无产阶级和广大人民誓死抗击法西斯帝国主义侵略者，推动人类解放运动和文明进程，维护了世界正义与和平。1957年11月6日，毛泽东发表了《在苏联最高苏维埃庆祝十月革命四十周年会上的讲话》，以苏共与苏联人民创造的世界革命史上的奇迹为例，深刻揭示了社会主义发展的大趋势。他指出："世界各

第二章　牢固树立共产主义远大理想和中国特色社会主义共同理想

国人民从苏联人民所获得的成就中,一天比一天明显地看到自己的将来。苏联的道路,十月革命的道路,从根本上说来,是全人类发展的共同的光明大道。世界各国的广大人民热烈地庆祝十月革命的四十周年,因为这四十年的历史使他们确信,无产阶级必然能够战胜资产阶级,社会主义必然能够战胜资本主义,被压迫民族必然能够战胜帝国主义。"当然,在人民前面还有困难和曲折。不过,列宁说得非常好,"重要的是坚冰已经打破,航线已经开通,道路已经指明"。

实现共产主义是人类社会发展的必然趋势,也是我们党的"初心"。在庆祝中国共产党成立95周年大会上,习近平郑重地提出:"不忘初心、继续前进,就要牢记我们党从成立起就把为共产主义、社会主义而奋斗确定为自己的纲领,坚定共产主义远大理想和中国特色社会主义共同理想,不断把为崇高理想奋斗的伟大实践推向前进。"[1]在对古今社会发展规律的认识上,习近平强调要坚持马克思主义与中国国情的有机统一,坚持共产主义远大理想与中国特色社会主义共同理想的有机统一,坚持理想性与现实性的有机统一。我们一定要积极坚持推动党的各项事业,完成党在现阶段的奋斗目标,坚定不移地贯彻党在社会主义初级阶段的基本纲领和基本路线,同时要时刻遵从社会主义核心价值观的指导,在中国特色社会主义远大理想的实现过程中贡献出自己的力量,让共产主义的远大理想离我们更进一步。在现阶段,我们要全心全意地投入到"四个全面"战略布局和"两个一百年"的奋斗目标中去,为共产主义远大理想的实现打下坚实的基础。只有这样,我们才是顺应人类社会发展规律、历史规律。在新时

---

[1] 习近平:《在庆祝中国共产党成立95周年大会上的讲话》,《人民日报》2016年7月1日。

代新的历史时期,由于国内外及全球形势的急剧变化,中国共产党在执政环境和执政条件上面临着"四大考验""四大危险"等长期性问题。同时某些党员干部也开始对共产主义产生怀疑,甚至认为马克思主义是谬论,共产主义的远大理想是天上星、水中月、镜中花,资本主义才是社会发展的必然趋势。毋庸置疑,这些思想都是错误的,都是禁不起时间和实践检验的,谬论永远不可能成为真理。

20世纪80年代到90年代初期,随着东欧剧变、苏联解体等一系列事件的发生,国际共运遭受巨大挫折和重大损失,一些意识形态上别有用心的人据此断言:社会主义、共产主义已不战自败,兴于20世纪初的社会主义制度将随着20世纪的结束而寿终正寝。然而,历史事实证明,世界上的社会主义和国际共运非但没有终结,反而朝着更加健康的方向迅猛发展,特别是中国特色社会主义道路的成功开辟和伟大实践,让社会主义制度的优越性和生命力不断彰显,让国际共运活力无限。

邓小平作为中国特色社会主义的开拓者和奠基人,作为改革开放的总设计师,亲自领导并亲身经历了中国特色社会主义建设和实践的整个过程,也目睹了其他社会主义国家的兴衰成败。他看到了社会主义基本制度各种强大的优越性,也看清了社会主义体制存在的种种弊端。在国际共产主义运动出现困惑甚至重大挫折之时,他用一系列理论也就是邓小平理论深刻地回答了"什么是社会主义""如何建设、巩固和发展社会主义"等重大历史性课题和现实性难题。他最为经典的论断就是"改革是中国的第二次革命""中国不改革,死路一条""改革是解放和发展生产力"。邓小平强调:"社会主义基本制度确立以后,还要从根本上改变束缚生产力发展的经济体制,建立起充满生机和活力的社会主义经济体制,促进生产

第二章 牢固树立共产主义远大理想和中国特色社会主义共同理想

力的发展,这是改革,所以改革也是解放生产力。过去,只讲在社会主义条件下发展生产力,没有讲还要通过改革解放生产力,不完全。应该把解放生产力和发展生产力两个讲全了。"[①]正是在邓小平理论的指引下,中国的改革开放从根本上解放了在建设中国特色社会主义道路上广大人民群众的创造力和创新力,让中国特色社会主义不断焕发勃勃生机。

总之,马克思主义基于对客观世界发展规律的科学分析和艰辛探索,在唯物史观和剩余价值学说基础上创立的关于共产主义的一系列基本理论、基本观点和基本方法,是来自实践并通过实践检验的客观真理,这些理论实现了由空想到科学的飞跃。未来的共产主义美好社会,是人类社会历史发展不可逆转的必然趋势,预示着资本主义社会的必然结束和共产主义的必然到来。近200年来,资本主义不断自我调整和自我优化,有一些经济危机、金融危机得到转嫁或消解,一些社会主义国家也改旗易帜出现了"颜色革命",资本主义的力量还非常强大。但是,这并没有也不可能逆转马克思主义所揭示的全世界人类社会发展的总趋势。尽管马克思主义理论中的一些具体结论因时代、国度等具体条件的不同而不相匹配,但是马克思主义的基本理论、基本立场、基本观点和基本方法,依然经受得起时间的考验和实践的检验,依然能够经久而不衰、历久而弥新。特别是在高举中国特色社会主义旗帜的中国,以毛泽东、邓小平等为代表的中国共产党人坚定不移地推进马克思主义与中国实际相结合,创造性地实现了马克思主义中国化,一代代中国共产党人不断开辟出马克思主义中国化的新境界,不断推动世界社会主义、共产主义运动的蓬勃发展,以无比震撼的制度优越性和伟大实践效果向

[①]《邓小平文选》(第三卷),人民出版社,1993,第370页。

世界宣布了共产主义运动发展的无限生命力和客观必然性。

2. 正确认识实现共产主义的长期性、艰巨性

共产主义远大理想的实现从来不是一帆风顺的，正如《资本论》是马克思40多年通宵达旦完成的，新中国的成立也是通过无数仁人志士前赴后继的英勇奋斗才得以实现的。

远大理想的实现是前进性与曲折性的统一，甚至在发展的某些阶段会出现与现实相悖的局面，譬如当下社会中出现的各种与社会主义不相符合的思想。如党员为政期间贪污腐败，社会上裙带关系、拜金主义横行，崇洋媚外之风也死灰复燃，有些人看到这些片面的东西就开始怀疑共产主义，质疑中国特色社会主义道路，这是因为他们没有全面地去看待问题，没有正确认识到共产主义远大理想实现过程中的曲折性。无论是个人理想还是社会理想，都有着长期性、艰巨性和曲折性，我们必须正确认识这个过程中出现的负面的东西，只有这样我们才能坚定信念，不忘初心，努力奋斗，在实现理想的道路上奋勇向前。

《共产党宣言》发表迄今已有170年的历史，依然熠熠生辉。在这部代表作中马克思、恩格斯深刻地指出了资本主义社会的内在矛盾，说明资产阶级的灭亡和无产阶级的胜利同样是不可避免的，这为中国特色社会主义的发展提供了科学依据。正如习近平所指出："马克思主义是我们党的指导思想，共产主义是我们党的远大理想。没有马克思主义信仰、共产主义理想，就没有中国共产党，就没有中国特色社会主义。"①

20世纪80年代到90年代初期，共产主义运动遭遇了一次巨大的打击，

---

① 习近平：《共产主义是共产党人的最高理想》，《光明日报》2015年10月26日。

第二章　牢固树立共产主义远大理想和中国特色社会主义共同理想

苏联解体、东欧剧变，全世界范围内的社会主义国家都遭受了不同程度的打击，某些社会主义国家甚至走上了资本主义道路，西方反社会主义者开始宣称资本主义才是社会选择的结果，社会主义"失败论"和共产主义"过时论"甚嚣尘上。中国共产党毅然顶住重重压力，使得社会主义在中国茁壮成长，证明了共产主义的正确性。我们要从中吸取教训，坚持党的指导思想和最高纲领，相信共产主义才是人类社会发展的美好结局。

习近平指出："共产主义绝不是'土豆烧牛肉'那么简单，不可能唾手可得、一蹴而就，但我们不能因为实现共产主义理想是一个漫长的过程，就认为那是虚无缥缈的海市蜃楼，就不去做一个忠诚的共产党员。革命理想高于天，实现共产主义是我们共产党人的最高理想，而这个最高理想是需要一代又一代人接力奋斗的。如果大家都觉得这是看不见摸不着的东西，没有必要为之奋斗和牺牲，那共产主义就真的永远不可能实现了。我们现在坚持和发展中国特色社会主义，就是向着最高理想所进行的实实在在努力。"① 这告诉我们，共产主义远大理想不是一朝一夕可以实现的，需要我们一心一意、锲而不舍、长期坚持。作为一个共产党员，我们要时刻牢记党的基本方针和基本路线，全心全意跟党走，并具化到中国特色社会主义现代化各项创新实践中去，具化到社会主义远大理想的每一个细节实践中去。

3. 共产主义远大理想的现实功能

共产主义远大理想是党的先进性的灵魂，是共产党员先进性的精神支柱。由于共产主义理想和共产党员先进性有着内在的一致性，因此，执着于共产主义远大理想可确保共产党员的先进性，这是它最突出的现实功能

---

① 习近平：《在全国党校工作会议上的讲话》，《求是》2015年第23期。

和作用。一是有力塑造共产党员的理想人格。共产党员的理想人格，就是符合共产主义理想的品格、品质、思想境界、道德水平。共产主义理想具有塑造共产党员理想人格的功能，在接受共产主义理想教育的过程中，共产党员的个人理想得以形成，理想人格得以塑造。共产主义理想所要实现的人的自由个性，实质上是要求人们追求崇高的精神境界，在认识自然、社会的基础上，利用相应的知识，创造新世界，展示人的本质力量，为人类的解放作出贡献。因此，选择为共产主义理想奋斗的共产党员必须立足于人民利益，艰苦奋斗，努力为党工作，为实现使每一个人都能得到自由发展的理想社会而奋斗终生。二是全面提升共产党员的自身能力。共产主义理想展示了人的经济自由、政治自由和文化自由的美好前景，满足人追求自由全面发展的美好愿望。共产主义理想的实现，有赖于共产党员能力的全面提高。经济自由要求共产党员具有自然知识，提高人与自然和谐相处的能力；政治自由要求每个共产党员增强政治参与意识，提高参政议政能力，使人与社会和谐共处；精神自由要求共产党员具有认识自然、社会和人自身的能力，运用相应的知识创造美好的世界。执着于共产主义理想，才能激励共产党员全面提升自身能力，创造更多的社会财富，最终实现共产主义崇高目标。三是科学指导共产党员实践行动。共产主义理想，就是要实现经济富裕、政治民主、文化繁荣的理想社会，就是要促进个人自由全面的发展。这一崇高的理想，激励着千千万万共产党员投身于中国特色社会主义建设事业，在实现党的最低纲领的基础上，为实现党的最高纲领即共产主义而奋斗。执着于共产主义理想，共产党员就能积极投身中国特色社会主义经济建设，支持社会主义政治民主化进程，推进中国特色社会主义文化发展繁荣。

第二章　牢固树立共产主义远大理想和中国特色社会主义共同理想

（二）中国特色社会主义共同理想概述

人类社会的实践活动总是围绕一定的目标和追求展开的。从某种意义上来说，这种目标和追求就是理想。理想，展现了人们对美好生活的向往和追求；广大人民群众的共同追求和实践目标则是共同理想，共同理想是一个国家和民族奋勇前进的精神动力。所以，为了在共同理想的基础上，把亿万人民发动起来、组织起来、凝聚起来，形成统一的步调和强大的战斗力，一个国家、一个民族、一个社会唯有树立坚定的共同理想。

1. 中国特色社会主义共同理想的深刻内涵

十七大报告对中国特色社会主义共同理想的本质内涵进行了明确阐述，为强化中国特色社会主义共同理想的价值认同提供了理论支撑。在社会主义初级阶段，中国人民的共同理想即中国特色社会主义共同理想就是建设中国特色社会主义，把我国建设成为富强、民主、文明、和谐的社会主义现代化国家，实现中华民族的伟大复兴。简言之，就是实现祖国强大、民族复兴、人民幸福、世界安宁。"富强、民主、文明、和谐"彰显了中国特色社会主义的要义，这不仅是社会主义核心价值体系的精髓和对中国特色社会主义共同理想的高度概括，而且还是我国社会主义经济建设、政治建设、文化建设和社会建设的奋斗目标。中国特色社会主义具有丰富内涵，其中，中国特色社会主义道路、中国特色社会主义理论体系、中国特色社会主义制度、中国特色社会主义文化是其核心内涵。中国特色社会主义道路是实现社会主义现代化的必由之路，中国特色社会主义理论体系是指导党和人民实现民族复兴的正确理论，中国特色社会主义制度是当代中国发展进步的根本制度保障，中国特色社会主义文化是激励全党全国各族人民奋勇前进的强大精神力量。

中国特色社会主义共同理想作为社会主义核心价值体系的主题，有自身特定而明确的内涵：其一，中国特色社会主义共同理想是一个综合性的社会理想。它包含着一个社会各主要方面发展的理想状态，它与信念密切相关，还包括追求和实现这个理想目标的道路和方式。其二，中国特色社会主义共同理想是一个具体的阶段性理想。与共产主义远大理想相比，中国特色社会主义共同理想这个阶段性的理想更为具体，昭示我们到21世纪中叶基本实现现代化。这样一个现实的目标，最能直接地激发我们的奋斗热情。其三，中国特色社会主义共同理想是全体中国人民都认同和追求的共同的理想，它代表和反映了最广大人民的根本利益，为广大人民群众所认同和接受。它集中了各阶层各群体的共同利益和愿望，有着广泛的社会共识，具有令人信服的必然性、广泛性、包容性和强大的感召力、亲和力、凝聚力。

2. 中国特色社会主义共同理想的基本特征

从社会发展的阶段看，中国特色社会主义共同理想是一个具体的阶段性理想。我们的最终追求是实现共产主义远大理想，但是实现共产主义远大理想是一个很长的历史过程，在此过程中，有许多阶段性理想，中国特色社会主义共同理想就是其中之一。与共产主义远大理想相比，阶段性理想更为具体，也更容易被广大人民群众所接受，中国特色社会主义共同理想因此而来、应时而生。中国特色社会主义共同理想具有鲜明的时代性，是因为中国处于并将长期处于社会主义初级阶段这一基本国情。

从愿望表达和利益代表上看，中国特色社会主义共同理想凝聚着党、国家、民族、个人利益和愿望。在发展中国特色社会主义伟大实践中，只有为实现社会主义初级阶段目标而奋斗，国家才能基本实现现代化，民族

第二章　牢固树立共产主义远大理想和中国特色社会主义共同理想

才能实现伟大复兴，个人才能过上富裕的小康生活。这些不同角度和不同层面的愿望和要求，在中国特色社会主义共同理想上得到汇聚；这不仅体现了党、国家和人民利益的高度统一，也使得中国特色社会主义共同理想成为全社会的共识，成为号召全国各族人民团结奋斗的精神旗帜。因而，中国特色社会主义共同理想具有广泛的代表性。

从历史角度看，中国特色社会主义共同理想具有民族心理上的认同。中华民族不但创造了辉煌的文明，而且曾长期走在世界各民族的前列。近代以来中国人民渴望民族复兴的心理基础来源于拥有悠久历史的自豪感。近代中国虽被列强瓜分，国土被占据，甚至沦为半殖民地半封建社会，在这期间国家积贫积弱，人民受尽磨难，身处水深火热之中，中国人甚至被讥笑为"东亚病夫"。但民族衰落和屈辱也孕育着民族复兴的期望，实现拯救民族危亡、获得民族独立、建设强大国家的中华民族伟大复兴，是中华各族儿女的共同愿望。为实现这一共同愿望，我们党带领全国各族人民吹响了推翻帝国主义、封建主义和官僚资本主义三座大山的号角，在全国人民的共同努力下最终实现了国家的独立和民族的解放，首创了中国特色社会主义伟大事业，引领各族人民走上了民族复兴的康庄大道。共同的历史经历和民族心理，使得中国特色社会主义共同理想具有强大的凝聚力。

3. 中国特色社会主义共同理想的功能和价值

中国特色社会主义共同理想是振兴中华的强大精神动力，是保证全体人民团结一致、攻坚克难、争取胜利的强大精神武器，是中国现阶段的实实在在的奋斗目标，具有巨大的整合功能和激励作用。突出中国特色社会主义共同理想这个主题，实现广大人民对共同理想的价值认同，对增强中华民族凝聚力、提升民族文化软实力具有重要作用。理想决定行动，有共同理想才能有共同步调；有了科学理想信念，就有了坚强的凝聚力。理想信念是一个政党治国理政的旗帜，是一个民族奋力前行的向导。建设中国特色社会主义，建成富强、民主、文明、和谐、美丽的社会主义现代化国家，用这一理想去凝聚全党全国各族人民的力量，对我们战胜前进道路上的艰难险阻，将中国特色社会主义伟大事业不断推向前进具有重要意义。

中国特色社会主义共同理想还具有鲜明的信仰价值。所谓信仰价值是指在一定历史阶段的社会生活中某一信仰对象对信仰主体自身以及国家和社会发展的意义，中国特色社会主义共同理想的信仰价值在于它可以通过理论创新使马克思主义焕发新活力，从而为坚定共产主义远大理想奠定牢固的思想基础，为中国的现实发展指引方向、开辟道路。中国特色社会主义无论其自身的价值合理性还是它与现实的统一性，都体现着信仰价值。[①]

二、共产主义远大理想和中国特色社会主义共同理想是社会主义核心价值体系的愿景和主题

（一）共产主义远大理想是社会主义核心价值体系的愿景

共产主义理想是以实现共产主义为基本内容的奋斗目标，是共产党人的最高理想。它是由通过批判地吸收空想社会主义的思想成果，运用辩证唯物主义和历史唯物主义的科学世界观分析社会发展的客观规律，认真总结工人运动的实践经验而提出来的一种光辉的社会理想，是中国共产党领

---

①杨明等：《社会主义核心价值体系论纲》，南京大学出版社，2013，第151页。

第二章　牢固树立共产主义远大理想和中国特色社会主义共同理想

导全国人民建设中国特色社会主义包括建设社会主义核心价值体系的美好愿景。我们党之所以叫共产党，就是因为这个党是以实现共产主义的社会制度为自己奋斗的最终目标的。

它是人类历史上最美好的理想。共产主义是人与自然之间、人与社会之间、人与人之间以及人的身心关系之间高度和谐的社会，是人的自由全面发展和人类彻底解放的社会。"党的最高理想和最终目标是共产主义"，我们党之所以以实现共产主义为最终奋斗目标，是因为共产主义是人类社会最和谐、最美好、最高级的社会形态。在共产主义社会，生产力高度发展，物质财富极大丰富，社会成员共同占有全部生产资料，实行"各尽所能、按需分配"的原则，人们的思想觉悟和道德品质极大提高，阶级对立和"三大差别"最后消失，人人都可以过上幸福美好的生活。中国共产党从成立之日起，就把这一全人类最崇高、最美好、最远大的理想即实现共产主义，浓墨重彩地写在自己的旗帜上，实现共产主义成了共产党员最基本的责任。这个奋斗目标的确立，表明共产党人所从事的是人类历史上最伟大、最壮丽的事业，说明共产党人的理想是最崇高、最值得为之奋斗和最引以为豪的理想。[①]

它是人类历史上最科学的理想。所谓科学的社会理想，是指有科学理论作指导的符合社会发展规律的理想。共产主义社会是人类解放的最终实现，人类彻底从支配自己生产和生活命运的异己力量中解脱出来，实现从必然王国向自由王国的跃进，开始自觉地创造人类自己历史的"真正人的历史"。共产主义理想与其他理想的根本区别就在于它不是从主观愿望或抽象人性出发提出的空想，而是建立在马克思主义唯物史观和剩余价值学说基础之上的，是符合人类社会发展客观规律的科学预见。我们党把实现

[①] 李君如：《论新时期共产党员的修养》，国家行政学院出版社，2014，第66页。

共产主义的社会制度作为自己的最终奋斗目标，不仅因为它是人类有史以来最美好的理想社会，更重要的还在于它反映了社会发展的客观规律和必然趋势。正如《中国共产党章程》所讲，马克思列宁主义揭示了人类社会历史发展的普遍规律，分析了资本主义制度本身无法克服的固有矛盾，指出社会主义社会必然代替资本主义社会、最后必然发展为共产主义社会。[①]

它是人类历史上最崇高的理想。以往一切剥削阶级的社会理想都只代表了少数人的利益，而共产主义理想则不同。这一社会理想不仅代表了无产阶级的利益，而且代表了全人类的长远利益和共同利益，体现了无产阶级和最广大人民群众利益的一致性。这一理想的完全实现，标志着全人类的彻底解放和无产阶级自身的最后解放。它是一面伟大的、公开的思想旗帜，是吸引和鼓舞无产阶级和人民群众团结奋斗、推动历史车轮前进的巨大动力。

共产主义是人类历史上最先进、最美好、最合理的社会制度，实现这一社会制度是我们党的最高理想和追求。它既是一种尚未实现的最高理想，目前人们无法真切地感知，但它又不是毫无根据的空想和遥不可及的梦想，具有实践性和可预见性。共产主义既是一种制度，又是一种运动。以实现共产主义理想为最终目的的无产阶级政党领导下的革命群众运动，就是共产主义运动。从《共产党宣言》的发表到巴黎公社起义，从苏联十月革命成功到中华人民共和国成立，各国无产阶级和劳动人民在马克思列宁主义指导下，为实现共产主义的远大理想进行了艰苦卓绝的斗争，付出了血的代价。共产主义社会的初级阶段即社会主义社会，在我国和世界上其他一些国家，早已成为现实。社会主义社会制度在我国也已有60多年的

---

① 李君如：《论新时期共产党员的修养》，国家行政学院出版社，2014，第66页。

第二章　牢固树立共产主义远大理想和中国特色社会主义共同理想

历史，我国人民在中国共产党领导下进行的中国特色社会主义现代化建设，是在实践中不断实现共产主义理想的重要步骤。

它是共产党人的精神支柱。共产主义理想和信念是人类历史上一种崭新的理想和信念，它为人类提供了其他任何信仰均无法比拟的科学的世界观、价值观、人生观。对于共产党员来说，坚定的共产主义信念比生命还重要。有了它，人们就能在任何复杂情况下，始终保持坚定正确的政治方向，具有克服各种困难的勇气和力量。革命理想高于天，在艰苦卓绝的革命战争年代，坚定的共产主义理想信念始终激励着千千万万革命志士前赴后继地英勇斗争。孔繁森等新时期共产党员的楷模，他们并没有将理想信仰当成华丽的包装，而是脚踏实地，把自己从事的具体工作当成实现共产主义大目标的一部分，为之努力奋斗，乃至牺牲生命也在所不惜。共产党员在党旗下庄严宣誓，就意味着把自己的一生毫无保留地交给为之奋斗的共产主义事业，每一个共产党员都要在这个辉煌的事业中交出一份合格的答卷。[①]

（二）中国特色社会主义共同理想是社会主义核心价值体系的主题

1. 中国特色社会主义共同理想是马克思主义的理论归宿和实践主题

从马克思主义理论归宿来看，社会主义理想是其追求的价值目标。马克思主义理论体系中最重要的部分是科学社会主义理论，它以马克思主义哲学和马克思主义政治经济学为理论依据，是关于无产阶级革命运动的学说，也是全部马克思主义理论的归宿。中国共产党以马克思主义为指导思想，其最高理想是实现共产主义，现实理想是建设中国特色社会主义。

---

① 李君如：《论新时期共产党员的修养》，国家行政学院出版社，2014，第63页。

从人类社会发展的历史进程来看,建设中国特色社会主义是当代中国的实践主题。马克思主义既是我们认识和改造世界的强大思想武器,也是指导中国革命建设改革的行动指南,坚持马克思主义基本原理与中国具体实际相结合,是我们党在成长历程中得出的基本经验。新民主主义革命时期,党将马列主义与中国革命实际相结合,开辟了中国特色革命道路,实现了民族独立和人民解放;改革开放新时期,党领导人民开辟了中国特色社会主义道路,中国特色社会主义建设不断推进,特别是十八大之后中国历史发展进入了中国特色社会主义新时代,实现了由富起来到强起来的伟大飞跃,架起了通往共产主义的桥梁。

2. 中国特色社会主义共同理想体现民族精神和时代精神的价值功能

改革开放以来,我国经济社会发展取得了举世瞩目的伟大成就,但也出现了怀疑和否定中国发展道路,新自由主义和历史虚无主义思想抬头等问题,向以爱国主义为核心的民族精神发出了挑战。同时,也出现了否定改革开放、主张走回头路的声音,这又对以改革创新为核心的时代精神形成了挑战。因此,大力弘扬和倡导民族精神和时代精神在当前显得尤为重要。爱国主义是具体的实在的,在当代中国,爱国主义就是热爱中国特色社会主义。只有高扬爱国主义旗帜,才能最大限度地凝聚和动员全民族的力量,推动中华民族实现伟大复兴。解决时代课题的必由之路是改革开放,创新创造是民族进步的灵魂,全民族创造精神和创新能力的迸发是实现中国特色社会主义共同理想的强大精神动力。

3. 中国特色社会主义共同理想是社会主义荣辱观基本行为准则得以充分体现的实践载体

社会主义荣辱观强调热爱祖国、服务人民、崇尚科学、辛勤劳动、团

第二章 牢固树立共产主义远大理想和中国特色社会主义共同理想

结互助、诚实守信、遵纪守法、艰苦奋斗等内容，充分体现了社会主义道德的根本要求，与中国特色社会主义共同理想的价值取向和行为准则相吻合。可以说，社会主义荣辱观是对中国民族精神和时代精神的新概括、新总结、新发展，是集体主义、为人民服务、以人为本等社会主义社会主导价值观的具体化，服从和服务于实现中国特色社会主义共同理想这一时代主题，并通过建设中国特色社会主义的伟大实践得以全面而充分的体现。没有中国特色社会主义建设事业，就无所谓树立社会主义荣辱观。①

可以说，中国特色社会主义共同理想处于社会主义核心价值体系的中心位置，把马克思主义指导思想与民族精神和时代精神以及社会主义荣辱观紧紧联系在一起。社会主义核心价值体系是当代中国文化之"魂"，中国特色社会主义共同理想则是"魂"之主题。

三、如何牢固树立共产主义远大理想和中国特色社会主义共同理想

（一）共产主义远大理想的认同路径

1. 必须正确处理好远大理想与共同理想的辩证关系

共产党人的最高理想是实现共产主义，马克思将共产主义分为两个阶段，列宁则进一步将其命名为社会主义社会和共产主义社会。共产主义是

---

① 杨明等：《社会主义核心价值体系论纲》，南京大学出版社，2013，第143—144页。

我们的远大目标，只有在社会主义社会充分发展和高度发达基础上才能实现。实现共产主义是一个非常漫长的过程，建设中国特色社会主义是实现共产主义的必经阶段，中国特色社会主义共同理想是共产主义最高理想的具体体现。不仅实现共产主义是长期的奋斗过程，建设我国社会主义并使之成为发达的社会主义也是一个长期的发展过程。这样一个长期的历史过程将经历若干个发展阶段才能完成，不可能一蹴而就。

20世纪50年代，我们曾经犯过"大跃进"的错误，仅凭主观热情，企图超越历史阶段和当时生产力发展水平，搞"一大二公三纯"，渴望"跑步进入共产主义"，结果遭到经济规律的惩罚，生产力发展受到了严重破坏。正是总结了历史的经验教训，我们党才明确了中国正处于并将长期处于社会主义初级阶段的发展定位。尽管当前中国特色社会主义取得了举世瞩目的伟大成就，但我国处于并将长期处于社会主义初级阶段的基本国情没有变。只有不断努力实现各个阶段建设社会主义的奋斗目标，才能日益接近并最终实现共产主义最高理想。实现现阶段共同理想与实现最高理想在本质上是一致的。没有最高理想的指引就不会有共同理想的确立和坚持，没有共同理想的实现就没有最高理想实现的基础。忘记最高理想而只顾眼前就会失去前进方向，离开现实工作而空谈最高理想就会脱离实际。因此，我们只有既坚定理想信念，又脚踏实地为实现党在现阶段的建设目标而不懈努力，才能最终实现共产主义最高理想。[①]

共产主义远大理想必须立足现实、着眼当下，只有实现了中国特色社会主义共同理想，才能牢固树立共产主义远大理想，并为实现它而不懈奋

---

① 杨明等：《社会主义核心价值体系论纲》，南京大学出版社，2013，第147页。

第二章　牢固树立共产主义远大理想和中国特色社会主义共同理想

斗。只有把社会主义的基础夯实了，才能为实现共产主义奠定坚实根基。党的十九大报告指出，"解决人民温饱问题、人民生活总体上达到小康水平这两个目标已提前实现"，到2020年全面建成小康社会的目标也即将实现。为此，在报告中，从十九大到二十大被确定为"'两个一百年'奋斗目标的历史交汇期"①，同时又将2020年到本世纪中叶分为两个阶段，即在前15年基本实现社会主义现代化，再用后15年的时间将我国建成富强、民主、文明、和谐、美丽的社会主义现代化强国。

在党的十九大报告中，从现在起到本世纪中叶的这一时期，我国作出了这样的战略安排，让全党全国人民在新时代中国特色社会主义建设的新征程上充满了信心。习近平指出，要朝着最终实现共产主义这个大目标前进，就必须立足于党在现阶段的奋斗目标，同时还强调中国特色社会主义是党的最高纲领和基本纲领的统一。概言之，建立富强、民主、文明、和谐、美丽的社会主义现代化国家是中国特色社会主义的基本纲领。事实证明，我们党就是《共产党宣言》精神的当代践行者，我们现在为建设中国特色社会主义而努力的同时就是在为将来实现共产主义最高理想而奋斗。

2. 教育人们特别是青年一代积极投身于中国特色社会主义建设事业的伟大实践

共产主义不是虚无缥缈的，今天的中国特色社会主义建设的实践就是在为未来的共产主义社会奠定基础。中国特色社会主义伟大事业是全体人民共同的事业，需要全国人民的共同努力。青年作为祖国的未来、民族的希望，更是中国特色社会主义的未来和希望。青年兴则事业兴，青年强则

---

① 习近平：《决胜全面建成小康社会　夺取新时代中国特色社会主义伟大胜利——在中国共产党第十九次全国代表大会上的报告》，《人民日报》2017年10月18日。

国家强。在任何一个时代,青年都是社会上最富有朝气、最富有创造性、最富有生命力的群体。党的十九大报告提出,中国特色社会主义事业是面向未来的事业,需要一代又一代有志青年接续奋斗,不懈努力。这是我们党对广大青年提出的殷切希望。广大青年要积极响应党的号召,牢固树立正确的价值观、人生观、世界观,永远热爱我们伟大的祖国,永远热爱我们伟大的人民,永远热爱我们伟大的民族,在共建中国特色社会主义伟大事业的道路上,实现人生美好价值,焕发青春绚丽光彩。

3. 在各项事业中以中国优秀传统文化所蕴含的思想道德和理想信念教育人民群众

共产主义理想不是高不可攀的,它就蕴含在中国优秀传统文化之中。习近平指出:"中国人民的理想和奋斗,中国人民的价值观和精神世界,是始终深深植根于中国优秀传统文化沃土之中的,同时又是随着历史和时代前进而不断与日俱新、与时俱进的。"[①]理想信念是存在于世界观层面的东西,从中国传统文化中汲取精华并进行继承和创新,是非常重要的。中国人思维中的是非观念、信仰追求,深受中华优秀传统文化基因潜移默化的影响。中国共产党人今天坚持的理想信念,无不镌刻着中国优秀传统文化的印记。当前,抛开中国文化谈共产主义理想,就丢失了民族文化的特点。中国传统文化尤其是儒家、道家和佛教文化中,都蕴藏着世界观、人生观、价值观思想,这些思想至今仍然闪耀着智慧的光芒,都应该而且可以成为当代共产党人世界观、人生观、价值观里的重要内容,成为共

[①]习近平:《中国人民的价值观植根于传统文化,同时又与时俱进——在纪念孔子诞辰2565周年国际学术研讨会暨国际儒学联合会第五届会员大会开幕会上的讲话》,《人民日报》2014年9月25日。

第二章 牢固树立共产主义远大理想和中国特色社会主义共同理想

产主义理想信念的十分重要的文化基础。2012年12月，习近平在广东考察工作时指出："我们决不可抛弃中华民族的优秀文化传统，恰恰相反，我们要很好传承和弘扬，因为这是我们民族的'根'和'魂'，丢了这个'根'和'魂'，就没有根基了。"[①]这个"根"和"魂"，实际上也是当代中国共产党人精神生活包含理想信念的重要内容，丢失了中华民族优秀传统文化，就会使人六神无主，导致精神滑坡。中国优秀传统文化，应该是进行理想信念教育重要的精神武器。党的思想建设十分重视道德建设，道德建设特别重视弘扬中华传统美德，重视援古证今、推陈出新，这对于奠定共产主义理想信念的道德基础具有十分重要的意义。

4. 使全党全国人民脚踏实地为实现党在现阶段的基本纲领而不懈努力

党的基本纲领是共产主义在现阶段的行动纲领。它是依据基本路线确立的总目标和总政策而制定的在政治、经济、文化等方面的基本方向和基本政策，是基本路线在政治、经济、文化等方面的展开和强化，是体现基本路线的基本要求，是为实现基本路线服务的。相较于基本路线，它是比较具体的层次；相对于党在各个具体工作领域的具体目标和政策，它又是比较高的层次。

共产主义是共产党的旗帜和方向。每一个共产党员都应该成为践行党的基本纲领的楷模。江泽民曾指出："全党同志既要树立共产主义的远大理想，坚定信念，以高尚的思想道德要求和鞭策自己，更要脚踏实地地为实现党在现阶段的基本纲领而不懈努力，扎扎实实地做好现阶段的每一项

---

① 《习近平在广东考察时强调：做到改革不停顿开放不止步》，新华网，2012年12月11日。

工作。忘记远大理想而只顾眼前，就会失去前进方向；离开现实工作而空谈远大理想，就会脱离实际。"[1]中国共产党人要躬行实践共产主义的思想道德、精神风格。为实现党的基本纲领，我们要通过自己的先锋模范作用去带领和影响人民群众为之奋斗。全党同志尤其是党的各级领导干部都要振奋精神，把坚定的理想信念转化为实践党的基本路线、基本理论、基本方略的实际行动，通过兢兢业业的工作，为实现共产党人的崇高理想贡献出全部力量。

（二）中国特色社会主义共同理想的认同路径和培育机制

坚定的理想信念是社会主义事业成功的灵魂。我们的共同理想、伟大事业，是建设中国特色社会主义现代化强国，成为国际领跑者。为了不断推进中国特色社会主义事业的发展，我们必须高举中国特色社会主义共同理想的伟大旗帜，使其在全体人民的脑海里烙下印记。

1. 坚持不懈地用中国特色社会主义共同理想武装全党、教育人民

要加强马克思主义理论的研究和创新，强化理论武装，坚持不懈地用马克思主义理论和中国特色社会主义共同理想武装全党、教育人民。中国特色社会主义成为人民群众的共同理想，是以中国特色社会主义理论的发展完善为基础的，因此加强马克思主义理论研究和中国特色社会主义理论体系研究显得尤为重要。中国特色社会主义共同理想是在对社会发展规律的共同体认的基础上形成的，不断深化对中国特色社会主义发展规律的认识需要切实加强理论研究。马克思主义理论基础越扎实，中国特色社会

---

[1]《江泽民文选》（第三卷），人民出版社，2006，第293页。

第二章　牢固树立共产主义远大理想和中国特色社会主义共同理想

主义理想信念就越坚定，要使人们真正树立起对中国特色社会主义共同理想的坚定信念，就必须加强马克思主义理论宣传与理论武装，用马克思主义的真理性和逻辑性力量让人们信服。它体现在党员干部和群众的价值观念上，更体现在我们党高度重视理论武装和理论宣传上。中国共产党代表着最广大人民群众的根本利益，中国特色社会主义事业是党的事业也是人民群众的事业，全党和广大人民群众要用科学理论武装自己，教育自己，党要引领人民群众为自己的根本利益而团结奋斗。要巩固马克思主义的指导地位，坚持用马克思主义观察时代、引领时代，不断认识现状、发现不足。只有坚持马克思主义在意识形态领域的指导地位，才能保证中国特色社会主义事业的健康发展。我们要正确认识资本主义社会基本矛盾及历史发展趋势，从人类社会发展规律的高度来认识当今世界的变化及趋势，就要坚持不懈地用马克思主义武装全党，教育人民。这样就能正确认识社会主义发展的曲折性和人类社会发展的必然规律，就能正确认识实现中国特色社会主义共同理想和社会主义事业的长期性、艰巨性、复杂性和社会主义制度的强大生命力。广大党员干部和群众要把自身利益与国家利益相结合，进一步推动中国特色社会主义事业的进步，坚信社会主义社会会逐步向成熟和平稳的方向发展。归根结底，还是要高举马克思主义旗帜，坚持用马克思主义中国化的最新成果教育全党，教育人民，把树立中国特色社会主义共同理想融入教育的全过程，贯穿到各项工作中。

2. 坚定不移地把共同理想体现到中国特色社会主义事业的各个领域

要坚持中国特色社会主义道路，它是中国繁荣富强、人民幸福安康的必由之路，是党在长期的实践与探索中摸索出来的。踏踏实实把共同理想体现到政治、经济、文化等方面，从政策环境、体制环境、社会环境等方面入手,为树立共同理想提供有力支撑。在党和国家制定的各项方针政策中要把社会主义共同理想融入进去,体现到实现好、维护好、发展好最广大人民群众的利益中去。坚持从群众中来到群众中去的工作路线,深入群众,把群众的愿望、要求和经验集中起来加以分析、综合和提高,使之系统化,从而作出维护和发展最广大人民群众根本利益的工作决定。搞好中国特色社会主义经济、政治、文化等各方面建设,让人民感受到中国特色社会主义的美好,为建设中国特色社会主义创造条件。

3. 矢志不渝地坚定党员干部群众实现中华民族伟大复兴的理想信念

要一切向前看,但不能忘记走过的路;走得再远,也不能忘记自己从哪里出发。面向未来,面对挑战,中国人民一定要不忘初心、继续前进。人人都要树立成为实现中华民族伟大复兴英勇战士的理想信念,把实现中华民族伟大复兴作为中华民族最伟大的梦想。在新的历史条件下,中国共产党人更应该保持自己的底色和本色,更好地带领全国人民继续努力、奋勇向前。在实现中华民族伟大复兴的征程上,一定要在实践中坚持和发展马克思主义,坚持中国共产党的领导,坚持和拓展中国特色社会主义道路,丰富中国特色社会主义理论体系。实现中华民族伟大复兴和中国特色社会主义共同理想,必须增强党的团结和全国人民的大团结,使党员干部和广大群众同心同德、同舟共济、凝神聚力,共同下好一盘棋。其中,领导干部的理论信念由于其自身的特殊地位而对社会大众的理想信念树立和巩固起着巨大的支撑、引领作用。他们对主流思想的高度认同是中国实现发展、稳定、和谐的重要支撑力量,他们的思想和行为有着别的群体无可比拟的影响力,他们的言行与主流意识形态相背离时就会对人们的理想信念起到破坏和消解作用。共同理想弱化现象的存在,关键不是中国特色社

第二章　牢固树立共产主义远大理想和中国特色社会主义共同理想

会主义共同理想不吸引人，很多情况下是少数领导干部理想信念动摇对整个社会造成了严重的负面影响。因此，坚定领导干部的理想信念是在全社会树立中国特色社会主义共同理想的关键，要充分发挥领导干部群体在树立共同理想中的导向作用，从而切实引领广大群众坚定地树立起中国特色社会主义共同理想。

4. 增强理想信念的吸引力和凝聚力

任何制度都蕴含着价值追求，制度伦理就是指制度的道德蕴含，没有道德制度为价值观和理想信念作保障，理想信念和价值观就无法长久保持。因此，必须把制度建设、利益调整与确立共同理想信念和价值观统一起来。制度是理想在一定阶段的具体体现，是指导人们实践活动的基本框架和准则。制度和路线、方针、政策正确与否，直接关系着共同理想能否真正在全社会牢固地树立起来。我们必须按照中国特色社会主义的共同理想和奋斗目标的要求，制定出切实可行的制度和政策，以指导和规范人们的行为。

现实的制度和政策的引导使人们在追求自身事业的同时更多地关注未来的理想目标，在追求自身价值的同时更多地关注国家和民族的未来，从制度和政策上为共同理想的树立提供最有力的保证和导向。在进行理想信念教育时，要把共同理想落实到党和国家制定实施的各项方针、政策中去，把共同理想体现到经济、政治、文化社会各个领域，坚持用人民的标准来衡量我们的一切决策；要把共同理想落实到搞好各方面建设上，不断实现好、维护好、发展好最广大人民的根本利益和解决好人民群众最关心、最直接、最现实的利益问题中去，使人民深切感受到中国特色社会主义的优越性，从而为树立共同理想提供有力的支持，奠定实现共同理想所需的坚实的社会基础。总之，将理想信念、价值观教育与制度伦理建设相结合，将我们提倡的理想和价值观融入制度设计和安排中，注重物质利益与精神信仰的统一，才能增强理想信念的吸引力和凝聚力。

5. 积极创新理想教育的方法以促成共同理想和个人信仰相协调

新阶段，理想信念教育面临着许多新问题、新挑战，迫切需要改进和创新。一要坚持理性教育与感性教育的统一，理想教育不仅要传播思想理论，进行理性教育，而且要激发情感，进行实践教育；不仅要以理服人，还要以情感人。二要坚持以人为本，中国特色社会主义共同理想的实现以人的全面发展为最终目的，在理想信念教育中坚持以人为本符合中国特色社会主义共同理想的内在要求。三要多方面、多样化、有针对性地进行理想教育，学校、家庭、社会三管齐下，采取多种方式，根据不同群体进行不同内容和方法的教育。四要紧密结合中国特色社会主义的成功实践，联系干部群众的思想实际，针对社会热点难点问题，从理论与实践的结合上作出有说服力的回答，引导干部群众在重大思想理论问题上端正认识，有力地抵制各种错误思想的影响。①

6. 正视中国特色社会主义共同理想面临的机遇与挑战

理想失落、信仰危机是困惑当代人类的世界性难题之一，而当今中国正经历着空前广泛的社会变革，人们的思想观念和价值标准发生了巨大变化，它在给我国发展进步带来生机活力的同时，也带来了诸多矛盾和问题，多元价值观对中国特色社会主义共同理想建设的挑战尤其突出。一是国际共产主义运动低潮和资本主义主导下的意识形态宣传和渗透带来的思

---

① 杨明等：《社会主义核心价值体系论纲》，南京大学出版社，2013，第180页。

第二章 牢固树立共产主义远大理想和中国特色社会主义共同理想

想困惑,以及形成的多元政治价值观对共同理想产生极大的冲击。二是经济社会的深刻变化对人们的思想产生了极大的冲击,比如价值取向的多样化、共同理想的淡化弱化、社会评价体系更加功利化。三是拜金主义、享乐主义和极端个人主义等消极因素滋长,使一些人沉溺于灯红酒绿之中,逐渐淡化了理想信念。四是不正之风和腐败现象蔓延,败坏了社会主义的名声,对在全社会树立中国特色社会主义共同理想产生了严重的消极影响。在清楚地看到共同理想信念面临的挑战和危机的同时,我们还应该乐观地看到我国经历了大转折、大发展,整个民族的精神状态发生了深刻变化,建设中国特色社会主义早已深入人心,并逐步成为全民族的共同理想,也就是说我们在全社会树立共同理想也具有较多的有利条件。一是中国特色社会主义理论体系已成为树立共同理想的科学理论基础,二是党的基本路线为树立共同理想提供了有力的政治保证,三是改革开放的伟大成就为树立共同理想提供了坚实的物质基础,四是实现民族复兴的强烈愿望已成为树立共同理想的根本动力。[①]我们必须充分认识共同理想建设的巨大优势,坚定必胜信念,同时还应克服盲目乐观思想,必须积极应对共同理想建设所面临的严峻挑战,凝神聚力,推进新时代中国特色社会主义更好更快地向前发展。

---

① 杨明等:《社会主义核心价值体系论纲》,南京大学出版社,2013,第172页。

第三章
大力弘扬民族精神和时代精神

党的十六届六中全会明确指出，以爱国主义为核心的民族精神和以改革创新为核心的时代精神，是社会主义核心价值体系的精髓。一个国家能够繁衍生息，继往开来，不断地发展壮大，离不开民族精神和时代精神这两大凝聚民心、鼓舞士气的精神支柱。时代精神来源于民族精神，却又高于民族精神，远离民族精神而谈时代精神就如同纸上谈兵，只能泛泛而谈，不能知其意、入于心。民族精神与时代精神相辅相成、紧密相连，是现代社会精神风貌的内核，二者共存于社会主义核心价值体系之中，为激发社会活力作出了巨大贡献。社会主义核心价值体系既体现了积淀深厚的民族精神又体现了与时俱进的时代精神，民族精神和时代精神共同构成社会主义核心价值体系的精髓。

一、民族精神和时代精神概述

民族精神与民族文化通过经书典籍或以习俗为载体传承至今已有数千

年，中华儿女将其代代相传，早已融入我们的血脉。任何一个民族，如果失去了自己的民族精神，就不可能屹立于世界民族之林。民族精神在社会主义核心价值体系中占有不可或缺的地位，不仅仅是因为它体现了一个民族的精神文明，更因为它是一个民族生存和发展的基石。

（一）民族精神的内涵

在词源学中，对民族精神的理解与民族和精神两个概念相关。斯大林在《马克思主义与民族问题》一书中对"民族"一词作出了详细解释："民族是人们在历史上形成的一个有共同语言、共同地域、共同经济生活以及表现在共同文化上的共同心理素质的稳定的共同体。"[①]精神是中国传统文化的一个重要范畴，早在《庄子》中就有"天地精神"的记载，西方国家对于精神的理解也大体相同，均指人类的认识、情感和意志的总体，是一切意识文化现象的内在的深层的东西。

民族精神一词整合使用是近代以后的事情，我们国家对民族精神的关注是同中国近代历史和民主革命直接联系在一起的。18世纪开始的启蒙运动为西欧各国的民族精神奠定了基础。赫尔德主张，一个民族的民族文化不但要体现人们团结互助、爱好和平、自强不息的精神，更要让朴实的人类精神上升为时代精神和民族精神。黑格尔把民族精神看作"一种精神的、普遍的生命"。按照黑格尔的观点，民族精神构成了一个民族意识的其他种种形式的基础和内容。民族精神像烙铁一般，深深地印在了每一个人的心里，具体地表现在了民族的宗教、政体、伦理、立法、风俗，甚至于科学、艺术等各

[①] 斯大林：《斯大林选集》（上），人民出版社，1979，第64页。

个方面。黑格尔认为"只有这种具体的精神，推动那个民族一切的行动和方向"[①]。可见民族精神对于国家、对于民族都有着极大的推动作用。

对于民族精神，马克思提出了两个思索方向：一是将民族问题和阶级问题相联系，认为阶级解放是民族解放的必要条件。二是将民族精神和民族发展史相联系，认为人民不但要有自觉意识，还要有爱国之心及相互团结、发愤图强的精神，唯此才能将民族彻底解放。上述内容形成了马克思主义理论中的价值观，成为很多民族和国家的信仰，为其民族精神夯实了坚固的理论基础。

纵观对民族精神概念的不同阐释，可以看出要科学合理地把握民族精神的内涵，必须在历史性与时代性、共同性与个体性、抽象性与具体性、继承性与变动性的张力关系中概括，因为民族精神蕴含的内容极为丰富，可以总结为民族精神是一个民族的自我意识，也是对本族文化的自我认同，它在历史的形成和发展中带有本民族特点，体现了本民族精神意识和气质，是本民族价值观和共同理想的集中反映。其中，民族精神的核心是爱国主义，其内涵主要包括热爱祖国、团结统一、爱好和平、勤劳勇敢、自强不息等方面。

1. 爱国主义

爱国主义是指个人或集体对自身所属祖国的一种积极和支持的思想情感和态度。爱国主义不仅是在人类社会历史进程中形成、发展、巩固起来的一种强大精神力量，也是凝聚国家和民族、推动社会历史发展的强大力量；同时爱国主义也是一种人生观和价值规范，它对调节个人、国家、民

[①] 黑格尔：《历史哲学》，上海世纪出版集团，2001，第67页。

族关系的基本道德、政治、法律起到了很大的作用。爱国主义的内涵主要包括对祖国河山的热爱、对祖国同胞的热爱以及具体的爱国行为。中华民族精神的核心和最高表现形式是爱国主义，爱国主义不仅是中华民族团结奋斗的一面旗帜，也是各族人民的精神支柱，更是中华民族精神的灵魂。爱国主义是千百年来固定下来的对自己祖国的一种最深厚的感情，一种对于自己生长的国土和民族所怀有的深切的依恋之情。这种感情在历史的长河中，经过千百年的凝聚和无数次的激发，最终被整个民族认同，升华为爱国意识。中华民族的爱国主义精神具有深厚的历史基础和巨大的精神价值，它培养了人民对国家高度的责任感和崇高的奉献精神，培育了人民对故土、家族和同胞的热爱，更培育了人民不畏强暴、勤劳勇敢、自强不息的"大丈夫"精神。

若要最大化地体现和遵循社会主义的本质要求，爱国必定是首要的。社会主义核心价值观视域下的爱国必须坚持中国共产党的领导，爱国爱党才能创造全国人民的正确价值导向。漫长的革命岁月的历练让中国共产党敢于为人民出头、为人民做主、为人民服务，中国共产党成为中国唯一执政党是历史和人民的共同选择，历史的打磨让中国共产党得到了人民的拥护。为人民服务是中国共产党永恒不变的宗旨和永恒发展的目标，坚持以人为本、执政为民的执政理想，坚持运用从群众中来，到群众中去的工作方法，坚持践行党的群众路线，这些都充分证明了党的心中只有人民群众，党爱人民，人民爱党。人民爱国就要爱党，爱党爱国并蒂而生。在社会主义核心价值观的视域内，爱国与爱党具有高度的一致性，若不爱党，不坚持党的领导，爱国只是张空谈的白纸。只有爱国与坚持党的领导，才能谱写中华民族的伟大复兴梦的篇章。习近平也曾说："只有坚持爱国和

社会主义核心价值体系的精神引领

爱党、爱社会主义相统一,爱国主义才是鲜活的、真实的,这是当代中国爱国主义精神最重要的体现。"①

　　爱国不是光凭一腔热血,而是要在社会主义核心价值观的引领下,弘扬和传承中华民族优秀传统文化,将中华民族传统美德与新时代有机融合。中华民族的爱国主义传统源远流长。战国时期,楚国贤臣屈原在遭到楚怀王"怒而疏"之后,挥毫遂意,写下了爱国诗篇《离骚》,在楚国灭亡之时,投江而明志;秦国的谋士商鞅,不畏权贵,血荐轩辕,舍身为国,为国家的变法献出生命,为秦国统一六国夯实了基石。毛泽东认为:"爱国主义的具体内容,看在什么样的历史条件之下来决定。"在封建时代,效忠君主是爱国主义的主题,封建主义制度需要维护,民族之间的交流融合需要加强和巩固,这些都推进了国家的统一和强大。近代历史上,反帝反封建的救亡图存运动以及争取民族独立和人民解放的爱国实践都是爱国主义指引下的革新主题表现。新中国成立初期,巩固新生的人民政权和积极推动社会主义改造事业是爱国主义的阶段性主题。改革开放时期,支持改革开放,坚持走中国特色社会主义道路便是爱国主义在当时的时代主题。爱国主义也必须与时俱进地发展,否则就会成为狭隘的民族主义。当今时代,民族国家利益的内涵和外延都发生了变化,爱国主义又有了新特点,应该将全球意识与爱国主义统一起来,将对外开放与爱国主义统一起来,将吸收外来文化与弘扬民族优秀文化传统统一起来。当前,爱国主义主题是心怀中华民族伟大复兴的梦想,坚定中国特色社会主义"四个自信",继续深化改革扩大开放,始终坚定维护国家的核心利益,始终维护

---

①习近平:《大力弘扬伟大爱国主义精神　为实现中国梦提供精神支柱》,《人民日报》2015年12月31日。

国家统一大业。因此,社会主义核心价值观中,爱国不仅要体现永恒的爱国主义主题,还要跟随新时代步伐,顺应新时代要求。"空谈误国,实干兴邦。"爱国主义需要的是每一个中国人在社会中躬亲践行,脚踏实地。只有通过实践,爱国主义才能滴水汇川海,真正凝聚中国力量,实现中国梦想。

2. 热爱祖国

中华民族是一个具有悠久历史和光荣传统的伟大民族。热爱祖国始终是维护民族团结、促进社会进步的主要精神力量,是中华民族精神的核心。祖国,是一个最亲切、最庄严、最神圣的字眼,带有浓厚的感情色彩。列宁曾说过:"爱国主义就是千百年来固定下来的对自己的祖国的一种最深厚的感情。"祖国不仅包含着人们赖以生存与发展的疆土河山,还包含着民族的生活习俗、历史文化与情感归宿,给每个人的生存发展提供了必不可少的情感支撑与物质保障。从古到今,没有任何一个国家的人民不主张热爱自己的祖国,没有任何一个国家的人民不把热爱祖国当作最崇高的思想感情。

热爱祖国,主要表现在以下方面:首先,热爱祖国的大好河山。人们长期生活在这片土地上,久而久之,自然会对祖国的一山一水萌发出眷恋与热爱,热爱祖国的河山是热爱祖国最基本的内容。其次,热爱祖国的历史文化。祖国的悠久历史和灿烂文化都是最为宝贵的精神财富,是本国人民赖以生存与发展的精神食粮。一个人无时无刻不在接受着祖国文化的熏陶,对祖国历史文化的热爱最能体现一个民族的自信心与自豪感。再次,热爱自己的同胞。国家由许许多多的国民组成,所有的国民都拥有同一个祖国,大家同祖同宗,都是兄弟姐妹。因此,热爱同胞也是热爱祖国的集中表现。最后,对自己祖国的责任感与历史使命感以及为之奋斗献身的精神。祖国是我们生存的土地,也是我们的根,更是我们的母亲,责任感、使命感、牺牲精神是热爱祖国最深刻的内容。

3. 团结统一

团结统一深深地烙印在中国人的民族意识中,它是中华民族的立身之本,也成为维护祖国统一和民族团结的牢固纽带。从古至今,中国就是一个统一的多民族国家,团结统一成为中华民族发展的历史主流,这在秦始皇统一中国建立了统一的多民族的中央集权国家之后,就一直成为流淌在中华儿女血液中的核心价值理念。团结统一保障了中华民族的进步和社会发展。从抗日战争可以看出,我们的国家一旦遭受侵略,全国各族人民和社会各方面的爱国力量就会为尽快结束这种不幸的局面而团结御辱、浴血抗争。不管有多困难、多艰苦,都会将斗争进行到底。中国历史的发展证明了,团结统一就是力量,团结统一就是胜利,正是因为我们团结才取得了革命、建设和改革的伟大胜利。我国是一个由56个民族组成的大家庭,各族人民都在中华民族的形成、发展及祖国的兴盛和进步中作出了自己的贡献。在未来,我们必然还会遇到各种困难和挑战,但是,只要我们56个民族团结在一起,就一定会攻坚克难,创造我们民族的新辉煌。

在几千年的历史沧桑中,我国各民族发展了休戚与共、相互依存的亲密关系,形成了伟大的中华民族,共同缔造了统一的多民族国家。国家统一始终是中国历史发展的主流,是各族人民的最高利益。维护祖国统一,始终是中华儿女的神圣职责。

祖国统一是国家繁荣富强的根本前提。一个强大的国家,必然是一个统一的国家;一个强盛的民族,必然是一个统一的民族。四分五裂,断难成为世界一流强国；一盘散沙，绝无希望跻身世界先进民族行列。在中国历史上，凡是国力强盛、经济发达、文化繁荣的时期，无一不是国家统一的时期。西汉文景之治、唐代贞观之治、清代康乾盛世，都是在国家统一、社会安定的情况下出现的。新中国成立以来，特别是改革开放以来，中国的综合国力不断增强，国际地位显著提高，各族人民在党的领导下，共同团结奋斗，共同繁荣发展，中华民族的伟大复兴展现出宽广而美好的前景。祖国统一是各民族发展进步的重要保障。国家的统一，为各民族发展进步提供了稳定的社会政治环境，密切了各民族间的经济文化联系，极大地推动了各民族的发展进步。新中国成立以来，处于不同社会发展阶段的各少数民族，经过民主改革和社会主义改造，走上了社会主义道路。各民族经济文化联系更加紧密，交流更加频繁，相互学习，相互促进，共同发展，共同进步。各民族在政治、经济、文化等方面发生了天翻地覆的变化，取得了举世瞩目的成就。在中国共产党的领导下，中华民族焕发出蓬勃生机和旺盛活力。祖国统一是各民族人民幸福生活的不竭源泉。祖国是各民族人民安身立命之所在，是各民族人民共同生活的家园。祖国好比母亲，为各民族人民提供衣食之需，使他们免受冻馁之苦；为各民族人民遮风挡雨，使他们免遭风刀霜剑的伤害。祖国统一是各民族人民之福，祖国分裂是各民族人民之祸。新中国的成立，实现了国家的高度统一，各族人民在社会主义道路上开始了崭新的生活。改革开放和现代化建设的不断推进，使人民生活实现了从温饱不足到总体小康的巨大跨越，各族人民稳定地走上了富裕安康的广阔道路。

实现祖国完全统一，是中华民族走向伟大复兴的历史必然，是全体中华儿女的共同心愿。我们坚决反对一切分裂祖国的政治图谋，绝不允许任何人以任何名义、任何方式制造民族分裂，危害祖国统一。海内外中华儿女紧密团结、共同奋斗，祖国完全统一就一定能够实现。

4. 爱好和平

热爱和平，反对战争，这是中华民族与生俱来的和谐精神。今天的中国，是世界和平的坚决倡导者和有力捍卫者，中国人民愿同世界各国人民真诚团结，为建设一个持久和平、共同繁荣的世界而携手努力。中华民族有宽广的胸怀去包容万物，从古至今，不断地在政治、经济、文化等各方面和世界各国进行友好的合作与交流，择优学习世界的文明成果，也积极努力地为世界文明的进步作出力所能及的贡献。爱好和平是一个民族在同其他民族的交往中应该有的一种可贵的精神，它包括友好共处、平等对待、维护和平、团结合作、求同存异、共同促进发展。从爱国主义出发，发展和延伸出了爱好和平的价值观。

2002年4月，江泽民在访问德国期间，在德国外交政策协会作了一次演讲，他在演讲中引用了"亲仁善邻，国之宝也"的思想。他指出："中华民族是爱好和平的民族。中国对外政策的宗旨就是维护世界和平、促进共同发展。中国古代思想家提出的'亲仁善邻，国之宝也'的思想，'己所不欲，勿施于人''己欲立而立人，己欲达而达人'的古训，反映了中国人民爱好和平、渴望同各国人民友好相处的良好愿望和深厚文化底蕴。"[①]

今天，中国人民继承了我们祖先爱好和平的民族精神，我国对外开放的方针政策充分体现着爱好和平的民族精神。中华民族历来以团结统一、

---

① 《江泽民文选》（第三卷），人民出版社，2006，第475—476页。

第三章 大力弘扬民族精神和时代精神

爱好和平著称于世,爱好和平是中华民族的优良传统。我们将一以贯之地高举和平、发展、合作、共赢的旗帜,矢志不渝地走和平发展道路,始终不渝地奉行互利共赢的开放战略,坚持与邻为善、以邻为伴的方针,把同周边国家的互利合作推向新的水平。积极参与多边外交事务,促进国际合作。致力于同世界各国发展友好合作,履行应尽的国际责任和义务,继续同世界各国人民一道推进人类和平与发展的崇高事业。

5. 勤劳勇敢

勤劳勇敢是中华民族历经漫长的历史发展过程,在艰苦的自然条件下逐渐形成的吃苦耐劳、不畏艰险、俭朴勤奋的精神。随着时间的流逝和历史的发展,中华民族勤劳勇敢的精神内涵越来越丰富。"天道酬勤""克勤于邦,克俭于家""民生在勤,勤则不匮""仁者必有勇""见义勇为"等,不但是我们民族一直信奉的古训,也是我们今天一直坚持的美德。

勤劳主要是指人们在劳动过程中体现出来的良好的态度及行为品质。勇敢是人们在面临危难时所表现出来的一种无畏向前的意志特征。在中华民族的精神传统中,勤劳勇敢是中华民族兴国立业的根本,是不可或缺的良好品质。勤劳不仅指人们在劳动过程中体力的付出,也包括智力的投入与消耗,以及对劳动成果的尊重与珍惜;勇敢既是一种无畏的精神,也是一种以仁义、智慧为基础的胆识,两者的结合成为中华民族的重要精神和中国人民的优良品行,并始终鼓励着数以亿计的劳动人民砥砺前行。

6. 自强不息

自强不息是中华民族所具有的独立自主、发奋图强、不断进取、励精图治的精神。它既表现为一种锲而不舍、知难而进,在逆境中奋发进取、刚健有为的风貌，也蕴含着革故鼎新、与时俱进、放眼世界、追求真理的基本要求。

中华民族发展史就是一部自强不息、变革创新的历史，自强不息的精神渗透于中华民族的整个发展历程中，生生不息、延绵不绝。中华民族自古就有"天行健，君子以自强不息"的不懈奋斗精神，有"富贵不能淫，贫贱不能移，威武不能屈"的坚贞刚毅精神，有"大禹治水""精卫填海""愚公移山"的不屈不挠精神，有"天命不足畏，天道不足惧，祖宗不足法"的变革求新精神。因自强不息而形成的强大的民族凝聚力，使我们中华儿女有极大的荣誉感和自豪感，而中华民族之所以历经挫折而不屈，屡遭坎坷而不馁，靠的就是这种自强不息的精神。

（二）时代精神的内涵

一个民族的民族精神是带有历史印记的，带有非常特殊和鲜明的遗传密码。中华民族的民族精神与民族信仰更是具有时代性，它带有明显的开放特征。中华民族的民族精神是在薪火相传、继往开来、革故鼎新的态势中不断丰富和发展的。我们不仅要积极吸收和借鉴祖先创造的优秀民族精神，还要大力弘扬和发展符合时代要求、顺应时代潮流和充满青春活力的时代精神。

时代精神的"时代"二字，强调的不仅仅是一种精神上的时代性，更是一定时代的精神主流和基本价值取向。伟大的时代会造就伟大的时代精神。时代精神的"精神"二字，主要强调的是在一定社会环境下广大人民群众在思想上最为认同、在行动上积极践行的一种文化潮流，是一定时代主要文化的表现。因此，时代精神必须具有以下特征：与时代发展大局的

第三章　大力弘扬民族精神和时代精神

契合性，广大人民群众的认同性，对广大人民群众的行为具有激励性，对国家和社会发展进步具有推动性。由此可见，时代精神的定义可以概括为一定时代的广大人民群众的精神主流和社会价值取向，它是一个社会在最新的创造性实践中激发出来的，指引社会发展进步的方向，开启时代进步的潮流，为广大人民群众积极认同和接受的思想观念、社会价值取向、优秀道德规范和标准行为方式。它是人们在社会实践中体现出来的精神风貌和优良品质以及由此产生的促使民族振兴发展的强大精神力量，反映了时代主题与发展趋势，也反映了时代的精神风貌与社会风尚，是一个时代最新的精神气质、精神面貌和社会风尚的综合表现，其本质是实践精神、客观精神与历史能动精神的统一。

中国共产党在领导中国人民进行革命、建设和改革的历程中，向来注重培育时代精神并积极发挥其对社会建设和人民群众自身发展的作用。一部中国共产党史，可以说就是一部中国共产党不断对时代精神进行培育、弘扬和总结的历史。改革开放以来，中国特色社会主义事业一直在不断前进和发展，中国的时代精神也一直在革故鼎新，不断被注入新鲜血液和新的时代力量。2001年中央颁布的《公民道德建设实施纲要》将时代精神概括为"解放思想、实事求是，与时俱进、勇于创新，知难而进、一往无前，艰苦奋斗、务求实效，淡泊名利、无私奉献"五个方面。十六届四中全会进一步提出"加强理想信念教育，弘扬以爱国主义为核心的民族精神和以改革创新为核心的时代精神"，特别是十六届六中全会后，学术界对社会主义核心价值体系的研究逐步深入，概括当前的时代精神既要立足现实又要承接历史，体现时代精神、民族精神与人类文明成果的统一，唯有如此，时代精神才能产生团结奋进的不竭动力。以改革创新为核心的时代精神，其基本内涵还包括民主法治精神、公平正义精神、诚信友爱精神、科学发展精神以及和谐相处精神等。其主要表现形式为抗震救灾精神和载人航天精神等。

1. 改革创新

改革创新是社会主义核心价值体系的基本内容之一，也是实现科学发展的必然要求。2004年中共中央、国务院下发的《关于进一步加强和改进大学生思想政治教育的意见》中首次把"改革创新"作为时代精神的核心。十六届四中全会明确提出"弘扬以爱国主义为核心的民族精神和以改革创新精神为核心的时代精神"，十六届六中全会把以改革创新为核心的时代精神与以爱国主义为核心的民族精神一起确立为社会主义核心价值体系的基本内容。这是因为，改革创新不仅是马克思主义实践观的根本要求，也是中国传统文化的内在要求，同时，改革开放40年的历史成就也告诉我们：改革是社会发展的动力，创新是民族进步的灵魂。新时期最鲜明的特点是改革开放，最显著的成就是快速发展，最突出的标志是与时俱进，而贯穿其中的就是改革创新的时代精神。

改革与创新相辅相成，相互促进。改革是创新的前提，创新是改革的要求，改革创新是当代中国的必然选择，十一届三中全会以来中国发展取得的辉煌成就无疑是改革创新的成果。实践证明，推进社会主义核心价值体系建设要培育和弘扬以改革创新为核心的时代精神。改革是历史和人民的选择，改革开放使中国人民的主动性和创造精神前所未有地迸发出来，使中国发生了翻天覆地的变化，发展前景一片光明。改革是中国生产力发展的必然要求，改革开放使社会主义制度在中国焕发出从未有过的生机与活力，使中国以崭新的面貌走在了时代前列。创新是一个民族的灵魂，是

第三章 大力弘扬民族精神和时代精神

一个民族发展的不竭动力。创新是中国共产党一贯强调的宗旨,从毛泽东发出"向科学进军"的伟大号召,到邓小平提出"科学技术是第一生产力"的著名论断……我们党继承并发展创新理论,正在坚定不移地走中国特色自主创新道路,大力建设创新型国家。创新发展也是当今世界发展的潮流和大趋势,科技迅猛发展正在深刻改变着世界发展方式,创新成为解决全球性问题的重要途径和经济社会发展的主要驱动力。

2. 科学发展

科学发展是当代中国的鲜明主题,是人民群众的根本利益所在。新世纪以来,我们党带领人民着力推进改革开放的伟大实践,大幅提升了国家的经济实力和综合国力,明显改善了人民生活水平,充分展示了中华民族的新风貌、新形象。这一切的关键在于坚持科学发展,以人为本,走全面、协调、可持续发展道路,从而实现了又好又快发展。科学发展既是实践的真实写照,又是全体人民的共识,已经成为时代精神的重要组成部分。其要义在于:实现以人为本、全面协调可持续的科学发展,实现各方面事业有机统一、社会成员团结和睦的和谐发展,实现以自身发展来维护世界和平的和平发展。同时,以人为本作为科学发展观的核心,业已成为时代精神的一个重要方面。它以实现人的全面发展为目标,从人民群众的根本利益出发谋发展、促发展,不断满足人民群众的物质文化需要,切实保障人民群众的权益,让发展成果惠及全体人民。以人为本说到底就是以最广大人民群众的根本利益为本,体现了共产党人全心全意为人民服务的根本宗旨。实现群众愿望、满足群众需求、维护群众利益是一个动态过程,要求我们细心体察群众要求的新变化,通过更为科学的政策、更加有效的工作来满足不断发展着的人民群众的利益需求。

3. 抗震救灾精神

2008年5月31日,胡锦涛在陕西省汉中市慰问受灾人民群众和抗震救灾人员时,特地来到金山寺村的一个简易防震棚中,看望在受灾的情况下依然坚持继续学习的孩子们时发表讲话:"在这次地震当中,同学们都表现得很勇敢,很坚强,从你们身上,我们看到了灾区的希望,祖国的未来!相信同学们,在今后的学习、生活当中,一定会继续做到自强不息,奋发努力,向党,向祖国,向人民交出一份优异的答卷。"[1]胡锦涛还拿起粉笔在小黑板上写下十六个大字,"一方有难,八方支援,自力更生,艰苦奋斗"。这简简单单的十六个字,对于全党和全国人民来说却意味深长。它不仅体现了中华民族的抗震救灾精神,也是我们国家在无数大大小小的困难中始终没有倒下的原因。从胡锦涛的讲话中,我们可以提炼出抗震救灾精神的内涵:自强不息、顽强拼搏,万众一心、同舟共济,自力更生、艰苦奋斗。抗震救灾精神是在全国人民共同抗击自然灾害的殊死搏斗中形成的高贵美好的品格,是中国时代精神与民族精神的融汇与贯通,是中国特色社会主义和爱国主义、集体主义的积极融合,是革命英雄主义和人道主义的有机结合。它让我们看到了在波澜壮阔的改革开放进程中,中华民族精神又一次伟大的升华、又一次被我们广大的人民群众传承和发扬。

4. 载人航天精神

伟大的事业能够孕育伟大的精神,伟大的精神也能推动伟大的事业。载人航天工程是当今世界高新技术发展水平的集中体现,载人航天是衡量

---

[1] 任仲平:《灾难中挺立伟大的中国——写在中国人民抗击四川汶川大地震之际》,《领导科学》2008年第6期。

一个国家综合国力的重要标志，是一个国家高新技术崛起的表现。在实施载人航天工程的进程中，中国航天人始终牢记党和国家及人民的重托，满怀为国争光的雄心壮志，自强不息，顽强拼搏，团结协作，开拓创新，取得了一个又一个辉煌成果。"特别能吃苦、特别能战斗、特别能攻关、特别能奉献"是对载人航天精神的高度概括。载人航天精神，是艰苦奋斗、勇于吃苦、不畏艰辛的精神；是勇于攻坚、敢于奋斗、不怕困难的精神；是开拓创新、积极创新、积极发展的精神；是无私奉献、全心全意为人民服务的精神。载人航天精神是民族精神和时代精神的生动体现，是井冈山精神、延安精神、"两弹一星"精神、九八抗洪精神、抗击非典精神的伟大传承，是我们党、国家、军队和人民群众宝贵的精神财富，值得全国人民认真学习和大力弘扬。

（三）大力弘扬民族精神和时代精神的意义

1. 大力弘扬民族精神和时代精神是中华民族自强不息、团结奋进的强大精神支撑

中华民族精神和时代精神，是中华民族自强不息、发展壮大的重大精神支柱和精神食粮，是我们不断开辟新征程、开创新未来源源不竭的精神动力，是当代中国奋发图强、不断创造新的丰功伟绩的力量源泉。我们要大力弘扬民族精神和时代精神，让我国全体人民群众始终保持积极向上不断拼搏的精神状态，让民族精神和时代精神成为中国特色社会主义现代化建设的主旋律，同时成为建设中国特色社会主义核心价值体系的精髓。努力学习和弘扬民族精神与时代精神是建设中国特色社会主义社会的一项重要任务。我们必须正确把握民族精神和时代精神的科学内涵，深刻认识到

社会主义核心价值体系的精神引领

民族精神是一个民族在长期共同社会实践中形成的民族意识、民族心理、民族品格、民族气质和民族责任的总和，是民族文化中特有的并且不断继承和发展的历史文化传统，是民族文化最本质、最集中、最重要的体现。我们的时代精神是当代中国人民在伟大奋斗中不断培育、积累和发展起来的以改革创新为核心的与时俱进、开拓进取的新时代精神。在五千多年的历史发展中，中华民族逐渐形成了以爱国主义为核心的团结统一、爱好和平、勤劳勇敢、自强不息、尊老爱幼、勤俭节约的民族精神和优良传统。以爱国主义为核心的民族精神，不仅源于我国优秀民族文化传统，还与我们党领导广大人民在长期革命、社会主义建设和改革中形成的优良革命传统相融合、相统一，深深熔铸在我们的民族意识、民族品格、民族气质和民族责任感中，融合在我们民族的生命力、凝聚力和创造力中，成为我国各族人民团结一心、共同奋斗、共创发展的价值取向和力量源泉。

2. 民族精神和时代精神是不断开辟新征程、开创新未来的不竭精神动力

民族精神和时代精神是实现民族复兴的最大精神动力。中华民族是拥有上下五千年爱国主义传统的伟大民族。自新中国成立以来，尤其是改革开放以来，伴随着社会主义现代化建设的不断发展，以爱国主义为核心的民族精神和以改革创新为核心的时代精神展现出更加绚丽夺目的光芒。实践证明：以爱国主义为核心的民族精神是实现中华民族伟大复兴的强大精神动力。爱国主义是人们在长期历史发展中形成的对自己祖国忠诚和挚爱的情感，表现出为维护祖国利益和尊严、捍卫祖国主权和统一、促进祖国发展和进步的价值观念和行为准则。在当代中国，坚持爱国主义就是要拥护党的领导，热爱社会主义制度，积极投身社会主义现代化建设，为实现

中华民族伟大复兴而奋斗。诚然,在我们的同胞中间,尤其是在港、澳、台及海外,确实存在着对于中国共产党和中国特色社会主义制度还不甚理解的爱国者。但是,我们坚信只要他们赞成拥护中国共产党的领导,支持祖国统一,愿意为民族振兴贡献自己的力量,他们对于爱国主义的认识一定会不断升华。

爱国主义是中华民族精神的核心,是中华民族不断发展壮大的重要思想基础。千百年来,中华民族之所以能够历经磨难而不衰,饱尝艰辛而不屈,千锤百炼而愈加坚韧,靠的就是爱国主义精神的支撑。历史表明,越是到了民族危难的关键时刻,越是需要彰显爱国主义的巨大力量。"多难兴邦"和"知难不难",是中国人民在长期的奋斗实践中获得的宝贵启示。危难激发了爱国者迎难而上的精神,促使人民更加团结。近些年来,面对严重的地震灾害以及举办北京奥运会等重大事件的考验,海内外中华儿女万众一心、共克时艰,在爱国主义精神的感召下克服了一切艰难险阻,赢得了各国人民的尊重和盛赞。在实现中华民族伟大复兴的历史进程中,爱国主义是动员和鼓舞人民群众团结奋斗的一面光辉旗帜。

3. 民族精神和时代精神是不断增强民族自尊心、自信心和自豪感的旗帜

民族精神是一个国家、一个民族不断向前发展的强大的精神动力。如果没有民族的自尊心、自信心与自豪感,一个国家、一个民族就不可能屹立于世界强国之列,甚至难逃任人宰割凌辱的命运。要树立高度的民族自尊心、自信心、自豪感,首先必须具备自强精神,要在实际行动中,继承和发扬以爱国主义为核心的民族精神。培育民族精神能加深我们对中国历史和文化的认同感,这也是增加中华民族凝聚力、向心力的重要路径。中

华民族拥有悠久璀璨的文明历史，不仅是四大文明古国之一，而且是世界上唯一文明传承未曾中断的国家。中华文明为世界文明的发展作出了不可磨灭的贡献，引领着世界文明发展的潮流。这充分说明我们中华民族是一个富有智慧与创造力的民族，同时拥有着自强不息、开拓进取、积极向上的民族精神，我们应该为我们民族由衷地感到骄傲与自豪，这些历史充分激发了我们的自豪感，增强了我们的自信心，并化成一股强大的精神力量支持我们不断开拓进取。同时我们也要向前看，要更加坚定实现伟大复兴的信念，相信祖国的明天会更好。

近代中国是一部无数爱国志士谋求国家独立和民族解放、摆脱屈辱的探索史、抗争史与奋斗史。为了实现中华民族的伟大复兴，先进的中国人披荆斩棘，历尽艰险，开始向西方寻求救国救民的真理，探索使祖国独立富强的道路，提出了一个又一个救国方案。无数中华儿女在屈辱和苦难中奋起，为国家独立、民族解放和实现国家的繁荣富强，进行过长期的英勇顽强的奋斗，粉碎了外国侵略者灭亡中国的图谋，推动了中国的发展和进步。但是，多次奋斗最终都失败了，尤其是辛亥革命的失败，说明了资本主义的建国方案在中国是行不通的。在十月革命以后，中国的先进分子找到了马克思列宁主义，建立了中国共产党，中国人民的斗争才走上了科学的发展道路。在中国共产党的领导下，中国人民通过长期的奋斗，以百折不挠的精神，历尽千辛万苦，克服艰难险阻，作出巨大牺牲，建立了新中国，中华民族再一次以全新的面貌屹立于世界民族之林。正是近代中国所经历的屈辱、辛酸的苦难史和整个民族不屈不挠的抗争精神，激发并培养了中华民族愈挫愈勇、坚忍顽强的民族自信力。

立足国情，放眼当下，只有保持民族的独立性，才能在世界文化交融中保持独立鲜明的自我,才能在现代化进程中找到各民族团结奋进的精神支柱。因此,对广大人民群众进行民族精神和时代精神的教育,必须充分重视引导人们深入领悟中国传统文化蕴藏的独特魅力和价值,传承和弘扬团结统一、爱好和平、勤劳勇敢、自强不息的伟大民族精神,进一步增强民族自尊心、自信心、自豪感和归属感。

二、民族精神和时代精神是社会主义核心价值体系的精髓

(一)弘扬民族精神和时代精神对于实现中华民族伟大复兴具有重大推动作用

民族精神和时代精神二者相互依存相互交融,潜移默化地融入民族的生命力、创造力和凝聚力之中。二者作为国魂,民族精神是根基,时代精神是民族精神的具体体现,它们共同构成中华民族自立自强的精神品格,成为推动中华民族伟大复兴的精神动力。每个中国人都是国家的主人,肩上都担负着国家重任,因此广大人民群众都应当大力弘扬并继承民族精神和时代精神,把中国源远流长、博大精深的优秀传统文化和优秀精神品格传播到世界各地,创造出更美好的明天。

实现中华民族伟大复兴要求广大人民群众继承和弘扬民族精神和时代精神。首先要增强爱国主义情怀,心系祖国和人民。其次要树立报效祖国之志。我们应该对祖国的过去、现在和未来有全面而又正确的认识,在此基础上确立报国的崇高志向和自己奋斗的方向。一个人越了解自己的国家

才会越爱自己的国家。要成为祖国的栋梁之材和中流砥柱，就应当掌握过硬的本领和建设国家的基本才干与技能。只有有了过硬的本领才能推动中华民族的伟大复兴，只有拥有报国的本领才能实施报国的行动。最后，要始终坚持报效国家的方向。我们要想振兴中华，就必须将报国之志落实到行动之中去，从小事做起，从当下做起，从生活中的点点滴滴做起，积极加入到建设有中国特色的社会主义伟大实践中去。

（二）弘扬和培育以爱国主义为核心的民族精神要从每一个人做起

要弘扬和培育以爱国主义为核心的民族精神，应做到以下三点。第一，要以全面建设小康社会、实现中华民族伟大复兴为出发点和落脚点。第二，必须继承优良传统，体现时代特点。第三，要从每一个人做起。弘扬民族精神，不但体现在国家民族处于危难的危急时刻，能够挺身而出；而且也体现在他人生命财产遭受威胁的紧要关头，能够见义勇为；还更多地体现在生活中能够爱岗敬业、无私奉献。中华儿女是民族精神的传播者和弘扬者，每个人都应当从小事做起，从自身做起，树立报国之志，报效祖国、为人民服务就是我们对祖国和人民爱的体现。

我们应当坚持解放思想，弘扬以改革创新为核心的时代精神。改革开放以来，每一次实践上的重大发展、每一个理论上的重大突破、每一个工作上的重大进步，都离不开思想的解放。面对机遇大于挑战的新形势，我们要努力实现科学的发展、社会的和谐，这些都必须坚定不移地继续解放思想。我们应当具有"先天下之忧而忧，后天下之乐而乐"的崇高品性，要居安思危，努力报效祖国；要坚决摒弃只满足当下、不思进取和因循守旧、故步自封的思想，我们要不怕困难，迎难而上，敢于创新，勇于改革。解放思想必须对世情、国情、党情有科学的认识，解放思想可以从认清目标中明确任务，从对比先进中找出差距，只有思想的大解放才能推动事业的大发展。

我们应当在改革开放和社会主义现代化建设的具体实践中，弘扬以改革创新为核心的时代精神。在改革开放实践中产生的时代精神，要继续体现在深化改革的实践中，要想改革不断取得新突破和新成就，就应当着力回答和解决新时代的问题和矛盾。在实践中要着力把握规律、创新理念、转变方式、破解难题，提高质量和效益，最终实现又好又快的发展。在推动创新的实践中要弘扬时代精神，敢于尝试，勇于创新，唯有如此才能迸发出全社会的创造活力，涌现出更多的创新型人才和创新成果。

（三）民族精神和时代精神是凝心聚力实现民族伟大复兴中国梦的精神动力

实现中华民族伟大复兴中国梦是以习近平为核心的党中央提出的需要一代代中国人接续奋斗的伟大历史使命。2015年习近平在主持中央政治局第二十九次集体学习时指出，要大力弘扬伟大爱国主义精神和以改革创新为核心的时代精神，为实现中国梦提供共同精神支柱和强大精神动力。

社会主义核心价值体系的精髓是民族精神和时代精神，二者也是中国精神的基本内容。爱国主义是民族精神的核心，是人们对自己故土家园、民族和文化的归属感、认同感、尊严感与荣誉感，是调节个人与祖国之间关系的道德要求、政治原则和法律规范。爱国主义不仅体现了人民群众对自己祖国的深厚感情，还反映了个人对祖国的依存关系。爱国主义精神是维护祖国统一和民族团结的纽带，是实现中华民族伟大复兴的动力，也是个人实现人生价值的力量源泉,这些都是爱国主义的时代价值。

习近平于2012年11月29日在参观国家博物馆时明确指出实现中华民族的伟大复兴是中华民族共同的梦——中国梦。民族复兴的中国梦是值得国人以"衣带渐宽终不悔,为伊消得人憔悴"的精神来达成的崇高理想,是13亿国人的殷切期盼,是能在中华儿女的共同努力下必然达成的共同理想。而要实现伟大的中国梦,离不开强大的中国精神的支撑与鼓舞,唯有凝聚人心的爱国主义和继往开来的改革创新二者的强力助推,我们才能在实现中国梦的路途中昂首阔步、砥砺前行。

习总书记在十二届全国人大一次会议闭幕式上明确强调:"实现全面建成小康社会、建成富强民主文明和谐的社会主义现代化国家的奋斗目标,实现中华民族伟大复兴的中国梦,就是要实现国家富强、民族振兴、人民幸福。"①所以为了实现中华民族伟大复兴中国梦,必须在政治、经济、文化等方面扎实推进,朝着国家富强、民族振兴、人民幸福的目标奋勇拼搏。

中国通过改革开放的多年艰苦探索,在政治、经济、文化等各方面释放出了巨大活力,取得了非凡成就,改革创新的时代精神在我们每个人心里深深地扎了根,改革创新的精神摒弃了故步自封、闭门造车的思想,推动着中国经济社会发展的现代化进程。一个由13亿人口、56个民族组成的发展中国家,在这个充满竞争和优胜劣汰的世界中,仍能以一种令世界瞩目的发展速度发展着,这就是中国模式、中国精神、中国道路、中国力量,原因就是我们有着以爱国主义为核心的团结一致、自强不息的民族精

---

① 习近平:《在十二届全国人大一次会议闭幕会上发表重要讲话》,新华网,2013年03月17日。

神和以改革创新为核心的时代精神。

三、如何大力弘扬民族精神和时代精神

中华民族在历史长河中形成的以爱国主义为核心的伟大民族精神，在改革开放发展进程中形成的以改革创新为核心的时代精神，是中华民族自强不息、发展壮大的精神支撑，是我们不断开辟新征程、开创新未来的不竭精神动力，已经潜移默化地熔铸在我们的民族意识、民族品格、民族气质之中，熔铸在我们民族的生命力、凝聚力、创造力之中。

（一）要准确把握民族精神和时代精神的内涵

准确把握以爱国主义为核心的民族精神和以改革创新为核心的时代精神的科学内涵是使其得以大力弘扬的重要前提。要广泛开展爱国主义教育，加强民族团结进步教育，加大中华优秀传统文化教育的普及，深入进行中国近现代史、革命史和革命传统教育。我们弘扬的以爱国主义为核心的民族精神，同狭隘的民族主义有着本质区别。要坚持以开放的精神面向世界，虚心学习世界其他民族的长处，从各国文化中汲取丰富养分，不断塑造自尊自信、开放包容的民族品格。

改革创新是时代的最强音，是时代精神的本质体现。要把弘扬改革创新精神摆在突出位置，适应科学发展和构建社会主义和谐社会的要求，着眼于深化改革和扩大开放，推进新时代中国特色社会主义的大发展，解放思想、实事求是、与时俱进、求真务实、勇于创新、知难而进、团结和

谐、竞争开放、艰苦奋斗、无私奉献,注重从民族精神中汲取营养,紧跟时代脚步,把握时代脉搏,选树先进典型,总结鲜活经验,不断丰富和弘扬时代精神。

(二)要强化教育养成机制

弘扬民族精神和时代精神是一种教育实践活动,因为对一种精神的养成离不开教育。教育可以从社会的角度(即增进知识技能和提高思想品德的活动)与个体的角度(即个人的学习和发展过程)两个方面来理解,教育主要指学校教育,也就是教育者根据一定社会或阶级的要求有目的地对受教育者施加影响,把他们培养成一定社会或阶级所需要的人的活动。强化教育养成机制,一要加强文化建设,为教育提供良好的文化环境。把民族精神和时代精神纳入文化建设的全过程,就是要坚持马克思主义的指导,坚持"二为"方向和"双百"方针,坚持弘扬主旋律与提倡多样化的统一。弘扬主旋律就是以宣传社会主义核心价值体系为重点,倡导团结进步的思想和精神。弘扬培育精神力量,还必须用社会主义核心价值体系引导大众文化建设,确立对文化建设的领导权与主动权,坚持"四以"的原则方针,不断生产出大量优秀的文化产品,将民族精神和时代精神的价值导向融入当前的文化建设中去,这是文化建设的主要战略。二要重视社会风气尤其是党风建设,因为环境是无声的教育,社会风气尤其是党风好坏直接关系到教育效果的优劣。孔子曾说:"君子之德风,小人之德草。"意思就是说百姓必然以上层的言行表现为风向标,其道德风气也会跟随着上层的道德风气而变化。我们党一向注重发挥先锋模范作用,党的一言一行无疑是全国人民的风气标尺。党在不同历史时期涌现出了一批模范典型，他们为人民所崇拜，引领着党风和社会风气。

（三）要联系实际、贴近生活、持之以恒地加强宣传教育

弘扬以爱国主义为核心的民族精神和以改革创新为核心的时代精神，重在营造氛围、潜移默化，重在联系实际、贴近生活，重在持之以恒、久久为功。要学会运用新闻宣传、文艺出版、思想道德教育和精神文明创建等方式大力宣传民族精神和时代精神，发挥好爱国主义教育基地的作用，让人们更好地接受民族精神和时代精神。从改革开放和社会主义现代化建设的实际出发，帮助人们正确认识到要从具体事情、本职岗位和一点一滴做起，这样才能在各个方面体现民族精神和时代精神。为了促进民族精神和时代精神持续不断地传承下去，需要党政相关各部门积极主动地配合，矢志不渝地做好促进民族精神和时代精神传承的各项工作，从而带动全社会各个阶层不断努力地去传承和发扬。

（四）要健全舆论引导机制

舆论是指公众的言论，对人们的行为有支撑和约束作用，又有多样性和变动性等特点。新闻媒介具有反映并引导舆论的社会功能，舆论对个人价值观形成和社会风气转变都有着重要作用。随着电子传媒技术的发展，意识形态对公共舆论的操纵功能开始弱化，舆论发展的新动向给弘扬民族精神和时代精神带来了新挑战。一要坚持舆论导向与舆论监督的统一。舆论导向是一种运用舆论操纵和引导人们的意识，从而控制人们的行为，使他们按照社会管理者制定的规章从事社会活动的传播行为。当前用社会主义核心价值体系来整合多样化的思想观念和社会舆论，对提高党的执政能

力至关重要。我们要牢牢把握舆论导向，正确引导社会舆论。舆论监督是指新闻媒体运用舆论的独特力量，帮助公众了解政府、社会和一切涉及公共利益的事务，并促使其成为沿着法制轨道和公共生活规则方向运作的一种社会行为。舆论监督可以针砭时弊、暴露问题，也能启迪民智、解放思想，公众舆论的监督和批判可以使我们走出禁锢。当今社会，需要大力倡导舆论监督的批判作用，充分发挥舆论监督的社会效用，让舆论为现实开路，为人民说话。弘扬民族精神和时代精神，必须坚持舆论导向与舆论监督的统一，只注重正面宣传的舆论导向而忽视舆论监督，那是粉饰太平，必然会失去人心。要将舆论导向与舆论监督统一起来，一方面大力进行正面宣传报道，使之渗入人民的生活和意识之中；另一方面也不避讳将那些反面事例加以曝光，通过正确的舆论监督弘扬正气。二要坚持弘扬主旋律与保持文化多样性的统一。主旋律是指由统治阶级主导宣传的符合其利益的文艺作品，在当今中国，弘扬主旋律就是要坚持社会主义核心价值体系，用马克思主义中国化最新成果武装全党、教育人民，用中国特色社会主义共同理想凝聚力量，用民族精神和时代精神鼓舞斗志，用社会主义荣辱观引领风尚，巩固全党全民团结奋斗的共同思想基础。弘扬主旋律就是要用民族精神和时代精神来引导大众文化，从2002年开始央视每年推出的"感动中国"年度人物评选就是弘扬这一主旋律的一个重要举措。文化多样性是指各群体和社会借以表现其文化的多种不同形式，这些表现形式在他们内部及其间传承。当前，我国的文化发展呈现出新特点，随着新媒体的出现，大众文化开始展现日益多样化的发展态势。网络时代，信息传播更迅速，信息交融更复杂，既便于管理者掌握民情民意，又使得信息多元化管理的难度大大增加。我们一方面要做好与腐朽反动思想进行斗争的积极准备；另一方面也要改变思路，积极应对文化日益多元化的局面，在加强网络管理的同时，以生动活泼的形式大力传播、弘扬主旋律的思想文化，建立交互平台，确立起文化引导的主动权。

（五）要完善价值规范系统

价值规范系统是一个国家一种文化的重要组成部分，是维护其价值理念的重要载体。价值规范不同于法律法规等以国家强制力量作后盾的规范，而是依托民族文化和国家精神而生的一种自觉的制约。弘扬和培育民族精神和时代精神，除了明确其价值理念外，还应不断完善与之相对应的价值规范系统，使之成为一系列的规范明示，让人们明辨是非美丑。从新中国成立之初的公民"五爱"到20世纪80年代的"五讲四美三热爱"，从新世纪初期提出的20个字公民基本道德规范到以"八荣八耻"为主要内容的社会主义荣辱观，这些都是在逐步完善社会主义道德规范体系。这些规范涵盖了爱国主义、集体主义、社会主义思想，体现了中华民族传统美德和时代要求，反映了社会主义世界观、人生观、价值观，明确了当代中国最基本的价值取向和行为准则，是马克思主义道德观的精辟概括，是新时期社会主义道德的系统总结。建设完善的价值规范体系，就是要进一步建设社会主义核心价值体系。它以科学理论为指导，统领理想、精神、道德等不同层面相辅相成，相互促进，构成了一个完整的体系。坚持马克思主义指导地位，坚定中国特色社会主义共同理想，树立社会主义荣辱观，对于弘扬和培育民族精神和时代精神有着积极的互补作用。[①]

---

① 杨明等：《社会主义核心价值体系论纲》，南京大学出版社，2013，第219页。

第四章
树立社会主义荣辱观

党的十六届六中全会在《中共中央关于构建社会主义和谐社会若干重大问题的决定》中旗帜鲜明地指出,社会主义荣辱观是社会主义核心价值体系的基础。社会主义荣辱观是对与社会主义市场经济相适应、与社会主义法律规范相协调、与中华民族传统美德相承接的社会主义思想道德体系全面系统、准确通俗的展现。以"八荣八耻"为内核的社会主义荣辱观,包含了社会主义世界观、人生观和价值观等丰富内容,是非美丑,界限鲜明,非常值得人们尤其是当代青年学习。

一、社会主义荣辱观概述

(一)社会主义荣辱观的思想渊源

什么是"荣辱观"?在罗国杰主编的《马克思主义伦理学》《伦理学》,以及《中国传统道德》和《中国革命道德》等大型丛书中都有论述。这个概念其实早在中国古代就产生了。"荣",是情感上的一种满足感,意为受人尊重;"辱",则是道德行为的羞耻感,意为羞耻、耻辱。荣辱观就是人们在荣辱问题上的一种价值取向。如"辱莫大于不义""宁可毁人,不可毁誉"等,对耻辱的认知是中国传统文化对荣辱观阐述的开始。诸如"由义为荣,背义为辱""君子耻不修,不耻见污""先义而后利者荣,先利而后义者辱"都有提及。将"荣""辱"作为对立的概念来表述最早是从孟子开始的,同时很多判断荣辱的标准也被历代先哲传承下来。孟子的观点是把荣辱与仁义联结起来:"仁则荣,不仁则辱";孔子则认为"信近于义,言可复也;恭近于礼,远耻辱也";管仲的想法是将荣辱建立在物质条件充实的基础之上:"仓廪实而知礼节,衣食足则知荣辱。"虽然诠释不一,标准侧重也不同,但是中华民族的传统美德都能从这些荣辱观中展现出来。

不仅如此,荣辱观的问题也被近代的很多思想家和学者高度重视。清代思想家龚自珍提出"农工之人、肩荷背负之子则无耻,则辱其身而已;富而无耻者,辱其家而已;士无耻,则名之曰辱国";顾炎武认为"礼、义、廉、耻"四者之中,"耻"为尤要,他在《日知录·廉耻》中写道:"……故士大夫之无耻,是谓国耻。"意思是若知识阶层的士人没有端正的羞耻之心,该社会也必定世风日下。康有为也曾经说过,"人之有所不为,皆赖有耻心"和"人必有耻,而后能向上"。

西方国家也有很多关于荣辱观的思想资源。亚当·斯密的《道德情操论》中《论得体》《论我们判断自己情感和行为的基础及责任感》《论习俗与风尚对道德上认可与否的影响》《论美德的品格》等篇章中,都向我们表达了价值取向。古希腊的毕达哥拉斯说:"无论是别人在跟前或者自己单独的时候都不要做一点卑劣的事情；最要紧的是自尊。"①亚里士多德在《尼各马科伦理学》中讲："对共同事业无所奉献是不会得到荣誉的"②，"属于善良活动的快乐是高尚的，属于邪恶活动的快乐是卑下的，而欲望也是这样。高尚的受到赞扬，卑下的受到斥责"。斯多葛学派说："荣誉是圆满的善……这种圆满的善类别有四：公正、勇敢、节制、知识……相类的也有四种不荣誉的：不公正、怯懦、无节制、愚昧。""我们以不当的行为为耻，而以道德行为为荣。"③我们在树立社会主义荣辱观过程中，也要充分借鉴西方的优秀文化。

社会主义荣辱观经过对中国传统荣辱观优秀内核的吸收、西方思想资源的借鉴、封建文化糟粕的摒弃的过程，并结合当下社会主义中国特色的时代特点，从我国实际国情出发，非常具有历史文化的传承性。因此，也可以说，以"八荣八耻"为主要内容的社会主义荣辱观的历史源头就是我们的传统文化。

荣辱观的作用在中国共产党的发展中十分重要。全心全意为人民服务是毛泽东荣辱观的核心所在。毛泽东提出："共产党员无论何时何地都不应把个人利益放在第一位，而应以个人利益服从于民族的和人民群众的利益。"他说，"人总是要死的，但死的意义有不同。……为人民利益而死，就比泰山还重；替法西斯卖力，替剥削人民和压迫人民的人去死，就比鸿毛还轻。……我们都是来自五湖四海，为了一个共同的革命目标，走到一起来了。……我们的干部要关心每一个战士，一切革命队伍的人都要

---

① 周辅成：《西方名著选辑》（上卷），商务印书馆，1996，第15页。
② 苗力田：《亚里士多德全集》（第8卷），中国人民大学出版社，1990，第188页。
③ 周辅成：《西方伦理学名著选辑》（上卷），商务印书馆，1996，第220页。

互相关心，互相爱护，互相帮助"。①中国传统的家族本位的伦理纲常更是被毛泽东强调集体主义、强调团结互助的主张给打破了。毛泽东还提倡廉洁奉献："共产党员在政府工作中，应该是十分廉洁、不用私人、多做工作、少取报酬的模范。共产党员在民众运动中，应该是民众的朋友，而不是民众的上司，是诲人不倦的教师，而不是官僚主义的政客。共产党员无论何时何地都不应以个人利益放在第一位，而应以个人利益服从于民族的和人民群众的利益。因此，自私自利，消极怠工，贪污腐化，风头主义等等，是最可鄙的；而大公无私，积极努力，克己奉公，埋头苦干的精神，才是可尊敬的。"②爱国主义、勤俭节约、诚实守信、热爱劳动无一不是毛泽东荣辱观中的重要组成部分。

主张积极推进社会道德建设，尊重知识、尊重人才是邓小平的荣辱观。崇尚科学的邓小平提出"科学技术是第一生产力"，作为领导人，人格和尊严是邓小平极为关注的，并被他外延到重视国格和民族尊严的高度。"我是中国人民的儿子，我深情地爱着我的祖国和人民。"我们被其中博大的爱国主义情怀深深地打动。邓小平荣辱观的逻辑起点就是继承弘扬中华传统，明辨荣辱。

依法治国和以德治国被江泽民紧密联系在一起，他始终坚持将爱国主义、集体主义放在首位，凭借科学和文化的软实力强国，相信道德在社会发展进程中的巨大作用。在继承传统道德和借鉴道德文明的双向道路上，江泽民的荣辱观逐步形成并完善。

党的十一届三中全会以来，随着人民生活水平的提高，就业方式、经

---

① 《毛泽东选集》（第三卷），人民出版社，1991，第1004—1005页。
② 《毛泽东选集》（第二卷），人民出版社，1991，第522页。

济成分、分配方式等日益多样化，人们的价值观也发生了多元化的改变，社会意识形态中各种社会思潮日益增多。此外，个人主义、拜金主义和享乐主义也因为市场经济自身带来的弊端被诱发且不断滋长。面对社会中呈现出来的新变化，为减少不良社会思潮对人们的蛊惑，探寻与社会主义经济发展相适应的道德规范势在必行。而身为健康向上、积极进取的社会主义道德规范的"八荣八耻"，正是在这种形势下孕育而生的。于是以"八荣八耻"为主要内容的社会主义荣辱观被胡锦涛正式提出，它不仅继承了中华民族的传统美德，弘扬了中国共产党人的优良传统，还体现了依法治国和以德治国的完美结合。

（二）社会主义荣辱观与公民基本道德规范

社会主义荣辱观是一种基本道德规范，具体而言，它是公民基本道德规范的集中体现。公民的基本道德规范是社会主义荣辱观正式形成的现实依据。一般情况下，公民基本道德规范包括爱国守法、明礼诚信、团结友善、勤俭自强、敬业奉献。其中，爱国守法是当今社会主义社会公民起码的道德规范。社会主义荣辱观也强调"以热爱祖国为荣，以危害祖国为耻""以遵纪守法为荣，以违法乱纪为耻"，进一步指出了何为荣、何为耻的道德判断。爱国守法同为道德底线，是每个公民必备的最重要的道德品质和最起码的道德水准。明礼诚信是体现公民素质的重要标准，也是一个社会道德风气好坏的重要标准。社会主义荣辱观也强调"以诚实守信为荣，以见利忘义为耻"，明礼诚信是公民应该遵循的行为规则，规范人们在社会关系中的道德行为，旨在提高人的素质和社会文明程度。团结友善是一个社会凝聚力强弱的重要标准，社会主义荣辱观也强调"以团结互助为荣，以损人利己为耻"。勤俭自强是体现一个社会精神面貌好坏的重要标准，社会主义荣辱观也强调"以辛勤劳动为荣，以好逸恶劳为耻""以崇尚科学为荣，以愚昧无知为耻"，都从不同侧面强调了勤劳节俭与学习知识、自强不息与个人成才的重要意义。敬业奉献是一个公民自强的表现，也是一个社会源源不断发展的动力。社会主义荣辱观也强调"以服务人民为荣，以背离人民为耻""以辛勤劳动为荣，以好逸恶劳为耻""以艰苦奋斗为荣，以骄奢淫逸为耻"，都体现了敬业奉献的基本要求。①

（三）社会主义荣辱观的基本内涵

荣辱观是人们在依据一定的思想道德标准进行自我评价和社会评价活动中逐渐形成的关于荣辱观念的总和。社会主义荣辱观明确了当代中国最基本的价值取向和行为准则，是引领社会风尚的光辉旗帜。高度重视社会主义荣辱观教育，领导干部必须率先垂范；从我做起、从小事做起，发挥监督效能，弘扬社会正气，把握社会主义荣辱观的实质内容，环环相扣，切实发挥社会主义荣辱观在核心价值体系中的重要作用。

1. 以热爱祖国为荣，以危害祖国为耻

中华民族是具有爱国主义传统的伟大民族。因而，爱国主义是民族精神的核心。作为首要的荣辱观，"以热爱祖国为荣，以危害祖国为耻"是人民辨别是非荣辱的最高准则，也是社会主义荣辱观的基础。这是爱国主义精神的集中体现。热爱祖国是首要的、最基本的道德要求，也是高尚的道德情操。热爱祖国不仅表现为对祖国有着深厚的感情，更重要的是付出

---

① 杨明等：《社会主义核心价值体系论纲》，南京大学出版社，2013，第241页。

报效祖国的实际行动。因此,"以热爱祖国为荣,以危害祖国为耻",就是要树立热爱祖国的高尚情操,要化爱国之情为报国之行,立足现实,投身中国特色社会主义建设的伟大实践,以建设祖国、保卫祖国、富强祖国为最大光荣;以损害祖国的利益、尊严和荣誉为最大耻辱,坚决抵制和反对危害祖国的思想和行为。

"以热爱祖国为荣,以危害祖国为耻",不仅是一个普通的道德标准,而且也是一个包括了法律、道德和信念三个层面的公民生活规范。首先是法律层面。"以热爱祖国为荣,以危害祖国为耻"在根本上是对宪法精神的深刻阐述。危害祖国不仅是一种羞耻,而且也是一种犯罪,因为它触犯了法律。因此,我们特别要加强宪法的宣传和普及,让宪法所规定的公民的权利和义务成为公民生活的准则。热爱祖国既是每个公民的权利,也是每个公民的义务。其次是道德层面。"以热爱祖国为荣,以危害祖国为耻"所说的"荣耻"就是在召唤人们的良心,让良心知荣知耻,该荣的荣,该耻的耻;并让良心看守自己的言行,取荣去耻。"以热爱祖国为荣,以危害祖国为耻",不仅继承了传统道德,如历史上的爱国主义和民族主义,而且包括了现代道德,如与国际主义一致的爱国主义,因此它丰富和发展了人类道德的基本内容。最后是信念层面。"以热爱祖国为荣,以危害祖国为耻",实质上关涉人的信念和理想。人生活在世界上有他的世界观、人生观和价值观等,从而有一个精神支柱和寄托。一个人的信念和理想在根本上支配着他的道德和法律行为。"以热爱祖国为荣,以危害祖国为耻"表明,祖国是我们神圣不可侵犯的家园,祖国的利益高于一切,为了祖国的利益,可以牺牲个人的利益。

"以热爱祖国为荣,以危害祖国为耻"传承了中华民族的传统,使之有了强烈的现实意义和合理性。同时，它也体现了社会主义集体主义道德原则，赋予爱国主义在当今的导向性意义。在历史发展的不同时期，爱国主义也附着时代的烙印和意义。在当代中国，爱国主义主要表现在为建设中国特色的社会主义伟大事业作贡献。当下，热爱祖国的首要任务就是坚决抵制"台独"，反对任何形式的割裂祖国领土，极力维护国家的和平统一。

2. 以服务人民为荣，以背离人民为耻

"以服务人民为荣"，既体现了中华民族的传统美德，又体现了社会主义的价值追求。为人民服务作为公民道德建设的核心，是社会主义道德区别和优越于其他社会形态道德的显著标志。它不仅是对共产党员和领导干部的要求，也是对广大群众的要求。它也应当是新形势下广大干部群众的最高行动纲领，要把它付诸实践，每个公民就应该不论社会分工如何、能力大小，都在本职岗位，通过不同形式做到为人民服务。而"以背离人民为耻"就是不做违背人民群众意志的事，不损害最广大人民群众的根本利益。从一定意义上说，为人民服务不仅是光荣的，而且是一种幸福；背离人民不仅是耻辱的，而且是一种祸害。如果是光荣和幸福的事，人民当然都会拥护和欢迎；如果是耻辱和祸害的事，人民也必然会进行斥责和反对。

从价值层面来讲，"以服务人民为荣"就是将人民作为价值的最高主体。党的十四届六中全会强调"社会主义道德建设要以为人民服务为核心"，这就明确提出了其在价值观建设中的核心地位。第一，从世界社会主义运动来看，马克思宣告社会主义运动要为最广大无产阶级和劳动人民的利益服务。无产阶级作为先进生产力的代表，先进性和斗争性最强，最没有狭隘性。无产阶级要解放全人类就必须推翻人剥削人的制度，建立社会主义和共产主义制度。第二，从我国的社会主义制度来看，我国是人民民主专政的社会主义国家，人民是国家的主体。自改革开放以来，我们一直坚持以人为本，如现阶段的目标就是实现脱贫攻坚、精准扶贫，达到全面小康。社会主义的本质是解放和发展生产力，消灭剥削，消除两极分化，最终达到共同富裕。这些都保证了人民的主体地位。也就是说，如果背离了人民，社会主义就无从谈起，而经济发展和社会进步也将迷失方向。第三，从中国特色的社会主义事业的根本保证来看，马克思唯物主义观点中强调了人民群众是历史的创造者，要充分发挥人的作用。建设中国特色社会主义，是各族人民的共同利益。因而，坚持以人民为中心，就是要坚持一切发展为了人民，对人民负责，对历史负责，顺应民意，尊重民意。人民对美好生活的向往，就是我们工作的目标，也是各项事业的发展方向。顺应历史，就要顺应人民群众的期待，以实现大多数人的利益为目标，以保障和改善民生为重点，切实保障人民群众的经济、政治、文化、社会、生态权益，使群众有更多的获得感和幸福感。中国特色社会主义事业只有在关心群众利益、为人民群众办实事的前提下，才能得到群众的支持和拥护。由此可见，以人民利益为本位是社会主义荣辱观和其他荣辱观的本质区别。

3. 以崇尚科学为荣，以愚昧无知为耻

社会风气是社会文明程度的重要标志，是社会价值导向的集中体现。树立良好的社会风气既是广大人民群众的强烈愿望，也是经济社会顺利发展的必然要求。在我们社会主义社会里，是非、善恶、美丑的界限绝对不能混淆，坚持什么、反对什么，倡导什么、抵制什么，都必须旗帜鲜明。

"以崇尚科学为荣,以愚昧无知为耻",是社会主义荣辱观的重要内容。它以科学精神规范道德价值取向,抓住了当前人民群众普遍关注的社会现实问题,集中表达了广大干部群众的共同心愿,是非标准鲜明,价值导向明确,是广大干部群众崇尚科学、反对愚昧的行动纲领和锐利武器。它对树立正确价值观具有很强的思想性、指导性和现实针对性。"以崇尚科学为荣,以愚昧无知为耻",是形成良好社会风气不可或缺的重要方面。为此,中央制定了一系列科学技术改革和发展的方针措施,提出"科教兴国"战略,并全面落实科学发展观。

当今社会是以科技创新为主导的。在经济日益高速发展的时代,科学技术应用的程度,直接影响着经济发展的速度和水平,改变着经济结构、经营模式等,引领着经济发展的前进方向。再者,知识成为重要的生产要素,越来越多的国家意识到将科技创新提升到重要位置的必要性,科技创新决定着一个国家的政治地位。此外,国际竞争日趋以科技、经济为基础,实质就是人才和科技的竞争。要想全方位提高国家的综合国力,就必须提升国家的硬实力及软实力。

"以崇尚科学为荣,以愚昧无知为耻"的价值观就是要求我们在实际工作中,尊重知识,尊重人才,遵循科学的发展规律,敢于批判和创新。只有崇尚科学,自觉学习和运用先进的科学知识,才能增强人的信念,破除迷信的束缚。总而言之,崇尚科学、抵制愚昧无知是社会发展和进步的潮流和风向标。

4. 以辛勤劳动为荣,以好逸恶劳为耻

"以辛勤劳动为荣,以好逸恶劳为耻"是社会主义道德的基本要求。不管一个人在什么样的岗位上工作,都是光荣的,因为他在付出自己的辛勤劳动，并尽其所能为社会作贡献；相反的，对于只会贪图享乐、好吃懒做的人，享受前人的物质和精神财富的人，都应以此为耻，因为他只知索取，不懂奉献。人类从猿到人的进化过程中，劳动起着巨大的作用。人类也是靠劳动，走出了愚昧状态。不仅如此，劳动还创造了历史。自然界和人类社会的发展都离不开人们的辛勤劳动。我们的民族是一个有着勤劳传统的民族，在中华民族长期发展中，形成了劳动光荣的观念。因此，"以辛勤劳动为荣，以好逸恶劳为耻"既是八荣八耻中的重要内容，也是衡量人们行为准则的一个重要标准，他们具有重要的理论价值和现实指导意义，正如宪法中所规定的"劳动是一切有劳动能力的公民的光荣职责"。

伴随社会的发展，社会分工的出现，脑力劳动和体力劳动的差异逐渐加大，社会的发展越来越多地依赖于当今高度发展的科技，导致现代社会很容易忽视劳动的重要性，在部分人群中形成坐享其成的不良风气。好逸恶劳是享乐主义和不劳而获等腐朽思想在价值观念上的表现。我们是社会主义国家，我们的目标是实现共产主义。共产主义是物质产品极大丰富的社会，但物质产品极大丰富并不意味着就可以实现按需分配。精神上的极大丰富和物质上的极大丰富必须两手抓，两手都要硬。一个人对社会的贡献是通过其劳动体现的。在一个人付出了辛勤的劳动的同时，也必然会赢得赞许和肯定。对一个人来讲，坐享前人的成果，不仅会坐吃山空，而且由于没有通过劳动来实现自己的价值，没有为自己创造出价值，因此他无法获得因为劳动而带来的满足感。

5. 以团结互助为荣，以损人利己为耻

团结互助主要是人们处理人际关系、开展合作交流的重要道德准则。人是社会关系的总和，人在各种社会活动中具有不同的社会角色。只有处理好人与人之间、集体与集体之间的关系，才能使整个社会更加安定有序、良性发展。团结，是指在处理人际关系时情感、意志和行动得到和谐一致的统一，包括与人相处时要设身处地地为他人着想，懂得顾全大局、和睦待人等。互助，主要是指当他人在有困难或者需要帮助的时候要主动友善地伸出援助之手，坚持助人为乐，把帮助别人作为"赠人玫瑰手有余香"的自觉行动，而不是其他有着各种目的或者要求有偿的回报。社会上某些人违背道德和良心，自私自利，为谋求自己的利益而去损害他人利益的行为则是损人利己。损人利己的行为破坏团结，影响团队精神的发挥，败坏了社会的风气。

"以团结互助为荣，以损人利己为耻"提出的背景是中国自古以来的文化传统，它是为了实现社会主义和共产主义这一共同目标而必须倡导的美好关系。团结互助作为中国特色社会主义的一种基本的人际关系，主要是以社会主义生产资料公有制和最广大人民群众的利益为重要基础的。自古以来，我们便强调"天时、地利、人和"，尤其强调"人和"的重要性。当今社会，各种矛盾日趋复杂，不断激化，创建和谐的人际关系必须依靠建立良好的社会交际观。就当下中国而言，要集中一切积极因素为社会主义建设事业服务，必须团结一切可以团结的力量，凝聚一切社会正能量，团结奋进齐心协力地战胜各种风险、挑战与困难，为中国特色社会主义现代化缔造良好的社会环境和氛围；对一个企业来讲，企业员工间互帮互助、营造良好的团队工作氛围，有助于提升企业的文化；对于一个社区来讲，邻里之间的和睦相处，既能给社区居民带来归属感，又能很好地反映出社会道德水平。

党的十六大以来，胡锦涛明确要求必须构建全国各族人民都能各尽所能、各得其所而又和谐相处的稳定的社会。在民族关系问题上，要不断巩固和发展平等、团结、互助、和谐的社会主义民族关系，把民族大平等、大团结作为构建社会主义和谐社会的重要内容。各民族的平等、团结、互助、和谐是和谐社会建设的基础。每个人都必须牢固树立"以团结互助为荣，以损人利己为耻"的社会主义荣辱观，把它作为一切社会活动的基本准则和行为规范。开展舆论监督，对损人利己的行为要进行曝光，减少对他人、对国家、对社会的损害。努力践行社会主义荣辱观，主动帮助他人，与他人团结友好，并且敢于同损害他人利益的行为作斗争。

6. 以诚实守信为荣，以见利忘义为耻

诚实历来都被看作是做人之本、立业之基。诚实对个人自身来讲是自己言行与良心的一致；守信是指承诺他人的事情要做到。在中国当下，诚信不但是社会主义和谐社会的价值准则和道德支撑，更是维持社会主义社会和谐稳定和经济社会有序发展的可靠保障。我们必须从社会主义道德和法律制度的层面深入探讨如何构建"以诚实守信为荣，以见利忘义为耻"的社会主义荣辱观。

中国古代的主流利义观始终是重义轻利，造就了我国重义轻利、信守承诺的道德古风。但在封建制度下，这种观点也无疑禁锢了人们，使得个人利益无条件服从集体利益，形成了一种谈利色变的氛围。为此，改革开放以来，随着多元化市场主体的形成，越来越多的人开始坦然面对市场，争取实现市场利益的最大化。这种市场经济体制带来的是对人们生活方式和思想观念的巨大改变。有部分人因受各种利益的驱使，把"一切向钱看"作为自己最重要的价值取向。面对利益的诱惑，他们在市场行为中开始以假乱真、以次充好，严重影响了人们长期恪守的价值观念。在这样的情况下,"君子爱财取之以道"便有了很大的借鉴意义。

可见,诚实守信不但是传统道德的基本规范,也是社会主义市场经济体制下的必然要求,诚信与否直接影响着商品的交换能否正常有序地进行。鉴于此,国家制定了相关的法律条文来保障市场行为的诚信度。至此,诚信不再只是人与人之间靠自觉意识的软性约束力,也被提升到了国家意志层面。

7. 以遵纪守法为荣,以违法乱纪为耻

遵守法纪既是中国公民的义务,也是每个中国公民的责任,是社会主义文明社会对每个中国公民的基本要求。为全面实现小康社会,创建和谐社会,需要每个人都遵纪守法,共同营造民主法治、安定有序的现实环境。

纪律是要求社会成员必须遵守的,为维护广大人民的集体利益和保证工作顺利进行而制定的规章或条文;法律常常是由国家制定或认可,且由国家的军队、警察、法庭、监狱等强制力保证实施的有普遍约束力的社会规范,其内容是规定当事人的权利和义务。法纪需要借助一定的强制手段,但是遵纪守法更重要的是要靠每位公民的自觉。在日常的生活中,必须养成良好的习惯,将外在的强制力内化成个人的自觉行为。从表面上来看,法纪是对我们行为准则的约束,但本质上,它是对公民权利的保护,维持着社会秩序。

党的十五大报告指出,要紧密地将依法治国和以德治国结合在一起,建设社会主义法治国家。以德治国是软性要求,主要靠自律,而依法治国是硬性要求,靠的是他律。"以遵纪守法为荣,以违法乱纪为耻"对法治社会的建设具有更直接和更大的推动作用。第一,遵纪守法是社会稳定发

展的基本保证。社会是一个有一定组织性和秩序性的群体，人们按照相关法纪行事，社会发展才能有序运转；第二，遵纪守法是市场经济健康发展的客观要求。市场本身有其缺陷，需要依靠法治来调节。经济想要获得高速发展，就要依靠健全和完善市场经济的法制引导和规范人们的市场行为；第三，遵纪守法有助于形成良好的公共环境，保障公民的正常生活。现实生活中有不少违法乱纪的案件，例如原贵州省委书记、省人大常委会主任刘方仁贪污受贿、道德败坏。他不仅没有起到表率作用，还让其亲属易阳等人也随其同流合污，结果自己身陷囹圄，易阳等人也受到了法律制裁。

"以遵纪守法为荣"是要我们坚持遵纪守法的自觉性，"以违法乱纪为耻"是要我们提高依法办事的能力。作为公民，我们一方面应该养成知法、懂法、尊法的意识，自觉地付诸行动，"勿以恶小而为之，勿以善小而不为"；另一方面，我们要勇于同违法行为作斗争。一旦违背了法纪法规，也应主动地承担相应的法纪责任。

8. 以艰苦奋斗为荣，以骄奢淫逸为耻

党的几代领导人反复强调，全国人民务必保持和发扬艰苦奋斗的优良传统。发扬艰苦奋斗的精神，既要做到勤俭节约，又要同艰难困苦作斗争，坚决抵制过度浪费和奢靡的生活方式，不放纵享乐。中国的发展历史表明，越是社会进步、条件充裕的时期，就越少不了艰苦奋斗的精神。

一个人如果不崇尚艰苦奋斗，就不会有积极进取的精神，就会消极倦怠地对待生活和工作，正如孟子说的，"天将降大任于斯人也，必先苦其心志，劳其筋骨，饿其体肤"，《五代史·伶官传序》也提道："忧劳可以兴国，逸豫可以亡身，自然之理也。"这些古代先贤警示后人：一个国家如果倡导艰苦奋斗，就可以使百姓团结，成就辉煌。虽然当下公民的物质条件有很大的改善和提高，但是我们需要与时俱进地发扬艰苦奋斗精神，提倡适度消费，不铺张，不贪图奢华，勤奋工作，刻苦学习，保持自身廉洁，抵制骄奢淫逸，以保持共产党员的先进性。

"以艰苦奋斗为荣，以骄奢淫逸为耻"是在总结历史经验教训基础上得出的结论。骄奢淫逸从本质上体现的是剥削阶级的腐朽。沉溺于骄奢淫逸的人无法体会到劳作的愉悦，更不会理解真正的人生意义。每一位公民都应该时刻提醒自己在生活中注重勤俭节约、自强不息。

（四）社会主义荣辱观的本质

社会主义荣辱观的本质是由社会主义社会的基本性质决定的。任何一种荣辱观都产生于一定的社会关系之中，为特定的阶级服务，每个社会集团都有自己的荣辱观。剥削阶级的荣辱观都以利己主义为出发点，以个人的财富与特权为基础，以占有别人的劳动成果为荣耀。相比而言，劳动人民则一直把辛勤劳动、诚实友善、勤俭节约、互相帮助看作光荣的事情；把好逸恶劳、不劳而获、奢侈浪费看作可耻的事情。社会主义荣辱观吸取了人类历史上一切荣辱观的积极因素，与中国特色社会主义建设相适应，代表着先进文化的前进方向，体现了为人民服务和集体主义的道德取向。为人民服务和集体主义是社会主义荣辱观的本质所在，所以，树立社会主义荣辱观就要牢固树立为人民服务思想和集体主义原则。

为人民服务是适应时代要求而产生的一种新的道德思想，是社会主义道德的本质体现，是社会主义道德区别于以往其他社会道德的分水岭。马克思、恩格斯在《共产党宣言》中明确指出，无产阶级的运动是为绝大多数人谋利益的运动。中国共产党将这一思想高度概括为为人民服务的思想，并在革命、建设、改革的实践中始终不渝地践行。为人民服务最早出自毛泽东追悼张思德所作的演讲，当时主要是对革命军队和广大革命者的要求，随着社会主义制度的确立，它开始成为衡量社会主义从业者的一种道德标准。邓小平进一步发展了毛泽东的为人民服务思想，在改革开放新时期提出了把"人民满意不满意、人民高兴不高兴、人民赞成不赞成"作为检验我们一切工作的标准。江泽民指出，我们党之所以赢得人民的拥护，是因为"三个代表"，其中就包含着始终代表中国最广大人民的根本利益。胡锦涛提出了坚持以人为本的科学发展观，促进经济社会和人的全面发展的新要求，这是为人民服务思想在新形势下的新发展。为人民服务不仅是社会主义道德的核心，更是社会主义荣辱观的核心。它似一条清晰的分水岭，将社会主义荣辱观与所有非社会主义荣辱观划分得异常清楚；它指引人们超越个人利益界限，创造新的人生境界。

集体主义是社会主义荣辱观的基本价值取向，也是当代中国道德建设的基本原则。集体主义作为公民道德建设的原则，是中国特色社会主义建设的必然要求。在社会主义社会，人民当家作主，国家利益、集体利益、个人利益在根本上是一致的，集体主义成为调节三者利益关系的重要原则。集体主义强调个人利益与集体利益的统一，不漠视个人的正当权益。在个人利益与集体利益发生冲突时，集体主义原则既反对个人不服从大局，又反对盲目牺牲个人利益而主张保护个人的合法权益。

（五）牢固树立社会主义荣辱观的意义

贯彻落实科学发展观、构建和谐社会的客观要求是树立社会主义荣辱观，引领我国经济良性发展。为全面落实科学发展观，就要有正确的主导价值观作支撑。"八荣八耻"明确指出了何为荣、何为耻，鲜明地区分出善恶美丑，告诉人们应该坚持"八荣"、反对"八耻"，形成正确的人生观、世界观、价值观，以此来营造良好的社会氛围和共同的价值取向。只有在同心同德的价值观引导下，社会才能科学发展、和谐安定。为了让人们全身心地投入到我国的现代化建设中，更好地为建设和谐社会添砖加瓦，每个人都要树立以"八荣八耻"为主要内容的社会主义荣辱观，摒弃错误的世界观、人生观、价值观。

树立社会主义荣辱观有利于促进人和社会的全面发展，形成良好的社会风尚。社会主义荣辱观能帮助人们树立正确的观念和行为导向。"八荣八耻"科学地阐明了在我们的社会孰是孰非，激励着人们加强思想道德素养，充分调动人的主观能动性，主动协调各种利益关系和社会矛盾，有利于促进人的全面发展和形成积极向上的良好社会风尚。

树立社会主义荣辱观为保持党的先进性并带领各族人民实现中华民族伟大复兴提供有力支持。"八荣八耻"不仅是对公民提出的道德要求，更是中国共产党对自身思想道德建设的基本要求。努力继承发扬中华民族传统荣辱观的精髓，不断吸取世界文明的思想精华，是共产党领导人民在中国革命、改革和现代化建设进程中不断前行的力量。在全面建设小康社会的时期，中国共产党人不仅要加强自身的思想、政治建设，还要加强作风建设，提高自律意识，使自己在拜金主义、享乐主义等腐朽社会思潮的考验面前始终保持党的先进性。共产党人要坚定地树立和践行社会主义荣辱观，从而塑造在人民群众中的良好形象，提高党的执政能力，为带领各族人民实现中华民族伟大复兴提供有力支持。

社会主义荣辱观是凝聚人心、促进社会和谐的坚强纽带。当人们都拥有共同的理想信念、良好的道德规范时,实现和谐社会的目标就并非遥不可及。社会主义荣辱观是社会主义思想道德体系全面系统、准确通俗的表达,它与社会主义市场经济、社会主义法律规范、中华民族传统美德是密不可分的。这种观念的树立可以通过社会共同的价值导向,引导和帮助人们进行自我约束和自我提升,从而协调各种利益关系,化解各种社会矛盾;可以不断提高人们的思想道德素质,不断推动人的全面发展和社会全面进步,不断提高全体公民明辨是非、区分善恶、识别美丑的能力,从而推动全社会形成知荣辱、讲正气、促和谐的风尚,为构建社会主义和谐社会打下良好的道德基础。

二、社会主义荣辱观是社会主义核心价值体系的基础

(一)社会主义荣辱观是构建社会主义核心价值体系的道德方向

目前,中国进入了中国特色社会主义新时代,经济社会发展迅速,人们的思想道德水平也不断提高。但是,社会生活中依然存在不科学、不文明、不适合发展的现象,如拜金主义、享乐主义、个人主义等,少数人思想品行不正,人性泯灭,道德沦丧,金钱至上。这些问题的出现,对社会道德体系造成了严重的冲击,损害了社会风气,也影响了经济社会的健康发展。人民群众对这些现象表示强烈不满。我们需要去抵制这些影响我们健康发展的恶习。

第四章　树立社会主义荣辱观

一个社会要全面发展，文明和谐，理应是物质文明、精神文明、政治文明、社会文明、生态文明五者协调进行。社会文明程度的标志是社会风气的好坏，坚持什么、反对什么、提倡什么、抑制什么，都必须分清并且坚守立场，绝不违背。牢固树立和践行社会主义荣辱观是构建社会主义核心价值体系的道德方向和基本要求，这可以从科学发展观、社会主义和谐社会、社会主义初级阶段、社会主义市场经济体制等多个维度来具体把握。

第一，牢固树立和践行社会主义荣辱观是落实科学发展观的基本要求。以人为本是科学发展观的核心；提高人的素质是全面建设小康社会的重要目标；树立正确的荣辱观，才能全面提高人的素质，促进人的全面发展。第二，牢固树立和践行社会主义荣辱观是构建社会主义和谐社会的紧迫要求。民主法治、公平正义、诚信友爱、充满活力、安定有序、人与自然和谐相处，这些是和谐社会的基本特征，需要大家共同遵循。第三，牢固树立和践行社会主义荣辱观是社会主义初级阶段的国情要求。在某种程度上，"艰苦奋斗"成为一些人嘲弄的对象。一种病态的畸形消费在某些人那里相习成风，诸如30万元的大虾、100万元的豪华酒店、1000万元的彩礼……还有社会上大量出现的奢侈性消费，侵蚀着民族健康的肌体，阻碍着现代化建设的发展进程。因而，树立社会主义荣辱观是社会主义初级阶段的国情要求。第四，牢固树立和践行社会主义荣辱观是完善社会主义市场经济体制的必然要求。在中国，每年因为信用缺失造成的直接经济损失达5855亿元，主要源于逃废债务。有专家估计，其中每年因为逃废债务造成的损失约1800亿元。[①]商业信用和消费信用领域中假冒伪劣商品泛

[①]《专家称我国每年因不诚信造成经济损失5855亿》，《中国青年报》2002年3月25日。

滥，制假贩假活动猖獗，合同违约、商业欺诈随处可见，超时拖欠国家贷款等情况屡见不鲜。完善社会主义市场体制的必然要求一定是树立社会主义的荣辱观。

（二）社会主义荣辱观是坚持社会主义核心价值体系的价值准则

以社会主义荣辱观为核心的社会主义核心价值观是社会主义核心价值体系的价值准则，体现了社会主义核心价值体系的根本性质和基本特征，反映了社会主义核心价值体系的丰富内涵和实践要求，是社会主义核心价值体系的高度凝练和集中表达。

社会主义荣辱观是社会主义核心价值体系的精髓。社会主义核心价值体系是理论信仰、理想信念、精神动力、道德基础四位一体的价值体系，其中社会主义荣辱观处于基础地位。所谓"荣辱观"，顾名思义是指人们对荣誉或耻辱的根本看法或根本态度，属于人民道德的范畴，有着广泛的群众基础和实践基础。如果失去这一基础，社会主义核心价值体系就不可能稳稳地建立起来。因此我们务必要高度重视建设社会主义核心价值体系及社会主义荣辱观，并且把社会主义荣辱观作为坚持社会主义核心价值体系的价值准则。

我们党非常重视思想道德建设。毛主席提出"理论联系实际、密切联系群众、批评与自我批评"的三大优良作风深入人心。邓小平提出要发扬"五大作风"。江泽民提出"八个坚持，八个反对"，也就是发扬"八大优良作风"。胡锦涛把党的道德建设的主要内容归结为"八荣八耻"，对新世纪、新阶段党的道德观进行了明确而系统的理论概括。"八荣八耻"内容层次分明、排列有序，从而构成比较完整的社会主义伦理道德体系，对执政党永葆艰苦奋斗的本色和清正廉洁的作风有着重要的指导和鞭策作用。可见，"八荣八耻"是对新时代社会主义荣辱观的高度理论概括，是对马克思主义伦理道德观、人生价值观的继承和发展，也是坚持社会主义核心价值体系的价值准则。

坚持社会主义核心价值体系，必须进行"八荣八耻"教育，让人民树立正确的伦理道德观和人生价值观。荣辱观属于伦理道德范畴，而伦理道德观是人生观和价值观的突出表现。进行"八荣八耻"教育就是要从伦理道德观的教育入手，最终解决人们的人生观和价值观问题，进一步规范人们的道德观念和道德行为。

三、如何树立社会主义荣辱观

树立社会主义荣辱观，一要营造良好的社会氛围。加强公民道德建设是一项精神文明建设工作，需要在一定的环境中进行。如果社会环境有利于道德建设，社会环境就会成为树立社会主义荣辱观的有力保障；反之，如果没有良好的社会氛围，社会主义荣辱观只能是形同虚设。因此，树立社会主义荣辱观不可做虚功，必须注意营造良好的社会氛围。二要完善必要的制度建设。制度最大的特点在于它的强制性和明确性，加强道德建设需要完善必要的制度建设，将道德规范的基本精神纳入制度的框架，从而把道德要求提升为一种制度要求，把社会主义荣辱观贯穿到各项制度中去。完善制度建设，要在宏观层面上夯实社会主义体制和立法的道德基础，特别要重视其荣辱观的导向问题；要充分发挥规章制度和法律法规对人们道德行为的激励作用，使荣辱观体现到人民群众的日常生活中去。三要强化公民的道德自律。道德最终要诉诸人的道德自律，加强道德建设、树立道德规范，根本上还是要靠全体公民的自觉遵守。一个人如果缺乏道德自律，一切他律的道德原则都无法发挥实在的社会效用。①可见，树立社会主义荣辱观根本上还是要培育公民的道德自律意识，只有将社会主义荣辱观的他律要求自觉转化为公民个体的道德意识和道德需要时，社会主义荣辱观才能真正发挥社会功效。

（一）以"八荣八耻"为主要内容判断是荣非耻的行为得失

荣辱观是人生观、价值观、世界观的重要内容，也是人们对荣誉和耻辱的根本看法和态度。树立正确的荣辱观，是形成良好社会风气的重要基础。所以，全党全社会需要共同努力构建"树立社会主义荣辱观"这一系统工程。

任何时期的文化都由一定时期的经济水平决定，每个时代的荣辱观都可反映出该时代生产力水平的发展状况。在市场经济时代早期，尤其是资本主义市场经济时期，形成了以金钱为标准的荣辱观，为获得金钱，可以危害祖国，损人利己，见利忘义。在马克思《资本论》第二十四章"所谓原始积累"第七节中的注释中，有这样一段话，原文如下："《评论员季刊》说：'资本逃避动乱和纷争，它的本性是胆怯的。这是真的，但还不是全部真理。就像自然界害怕真空一样，资本害怕没有利润或利润太少。一旦有适当的利润，资本就胆大起来。如果有10%的利润，它就保证到处

---

① 杨明等：《社会主义核心价值体系论纲》，南京大学出版社，2013，第243页。

被使用；有20%，它就会活跃起来；有50%，它就会铤而走险；有100%，它就敢践踏一切人间法律；有300%，它就敢犯任何罪行，甚至冒绞首的危险。如果动乱和纷争能带来利润，它就会鼓励它们。走私和贩卖奴隶就是证明。"[1]而"八荣八耻"针对这些消极现象和社会公害，提出了明确的是非善恶标准，使得众人对市场经济有了新的认识，市场经济不仅是利益经济、效益经济，更是信用经济、法制经济。并且随着社会主义市场经济的发展，人们的竞争意识、民主法制意识和开拓创新精神在大幅度提高。树立社会主义荣辱观，是社会主义市场经济的内在需要和重要保障。

在现代化建设进程中，人们的公共生活领域不断扩大，社会分工日益细密。基于此，"八荣八耻"鲜明地指出了社会主义时期的价值标准和价值底线，成为公民个人道德修养和社会文明程度的表现，并且在维护公众利益、公共秩序和保持社会稳定等方面发挥了更大的作用。在现代社会中，国人素质伴随"八荣八耻"的宣传教育在不断提高。

（二）以"八荣八耻"为判断标准作出知荣弃耻的道德选择

在社会主义荣辱观中，"八荣八耻"以其精辟的概括、深刻的内涵，深深影响了社会生活各个领域以及各个利益群体，充分体现了新时代的价值观，并且对现实社会有重要的意义。社会主义荣辱观与经济体制、法律规范以及传统美德有机结合，提出了明确的善恶、美丑、荣辱，做当荣之事，拒为耻之行，为人们的行为、选择提供了基本规范。树立社会主义荣辱观是形成良好社会风尚的需要，也是促进人的全面发展和社会进步发展

---

[1]《资本论》（第一卷），人民出版社，2004，第871页。

的重要因素。

以"八荣八耻"为主要内容的社会主义荣辱观，使全体社会成员清楚地认识到应该坚持和提倡什么，要反对和抵制什么。它是基本的价值准则和行为规范，使我们能正确判断行为得失，作出道德选择，确定价值取向。和谐文化建设的基本任务是在全社会牢固树立和践行社会主义荣辱观，这有利于坚定理想信念，有利于我国国民素质的全面提高和国际竞争力的提升。

社会主义核心价值体系是具体的，它在社会成员的具体行为中和现实生活里有明显的具体体现。社会主义荣辱观的树立，使社会成员都能明荣辱之分，知荣弃耻，褒荣贬耻。如此，社会主义核心价值体系才能有所依托、有所体现。践行社会主义荣辱观是维系社会和谐的精神纽带。国家和社会的富强与和谐在很大程度上取决于全体社会成员思想道德素质以及对道德规范、行为准则的遵循。我国是一个拥有13亿人口、56个民族的发展中国家，在追求事业发展、社会和谐的目标时，更需要确立普遍奉行的价值准则和道德要求，从而协调各个利益主体的关系以满足人们的精神需求，最终使社会焕发生机。是非界限和荣辱观念的明确，不仅是一个民族正气盎然、精神奋发的鲜明标志，也是一个社会健康和谐、文明进步的必然要求。

（三）以"八荣八耻"为评价方法确定褒荣贬耻的价值取向

社会主义核心价值观是精神支柱，是行动向导，是民族凝聚力和向心力的强壮剂。"八荣八耻"旗帜鲜明的行为准则和道德选择，构成了社会主义道德的鲜明指向。一个民族物质上不能贫穷，精神上也不能贫穷。

不把经济搞上去，国家会受制于人、被动挨打；人们会没有精神支柱，从而失去凝聚力和向心力，民族内部自行崩塌。可见，荣辱观与民族精神有着密不可分的联系。鲁迅说过："唯有民魂是值得宝贵的，唯有它发扬起来，中国才有真正进步。"社会主义荣辱观概括精辟，凝练了爱国主义、社会主义以及集体主义思想，是社会主义初级阶段的道德特征，更是我们民族共同生活、共同发展的核心和灵魂。

现代社会虽然在总体上是开放和宽容的，但在一些基本问题上仍然坚持着底线和准则。在多样化的现代社会中，在我国转型的道路上，"八荣八耻"社会主义荣辱观的树立为公民严守底线和准则作出了重大贡献，它时刻要求全体社会成员必须以"八荣八耻"为评价方法确定褒荣贬耻的价值取向，加强道德修养，自觉遵守基本行为规范，立志做一个心地清净、品行端正的人。

（四）以"八荣八耻"为根本要求作为扬荣抑耻的基本规范

以"八荣八耻"为主要内容的社会主义荣辱观高度凝练了社会主义道德规范，对于进一步匡正社会风气、规范社会道德、建设和谐社会，有着重要的指导意义。实践是检验真理的唯一标准，对于我们来说要从明辨是非、分清善恶着眼，使行动落到实处，让"八荣八耻"深入人心，以"八荣八耻"为根本要求作为扬荣抑耻的基本规范，从小事做起，从身边事做起，做一个有道德、有思想、有文化、有纪律的人。

第五章
培育和践行社会主义核心价值观

社会主义核心价值观是社会主义核心价值体系的内核，体现社会主义核心价值体系的根本性质和基本特征，反映社会主义核心价值体系的丰富内涵和实践要求，是社会主义核心价值体系的高度凝练和集中表达。因此，要注重宣传教育、示范引领、实践养成相统一，注重政策保障、制度规范、法律约束相衔接，使社会主义核心价值观融入人们生产生活和精神世界，切实发挥社会主义核心价值体系的精神引领作用。

一、社会主义核心价值观概述

（一）社会主义核心价值观的形成与发展

1. 社会主义建设时期核心价值观的形成

新中国的建立，特别是社会主义基本政治制度、基本经济制度的确立，还有以马克思主义为指导思想的社会主义意识形态的确立，这些成为树立社会主义核心价值观的政治前提、物质基础、制度保证和文化支撑。

在新民主主义革命时期，马克思主义、毛泽东思想是指引中华民族走向国家独立和民族解放的科学理论武器和指导思想。在社会主义建设时期，核心价值观更是旗帜鲜明地坚持以马克思主义和毛泽东思想为指导，并且成为全党和全国各族人民团结奋斗、砥砺前行的伟大精神旗帜，成为动员、凝聚、鼓舞最广大人民群众建设"四个现代化"的动力源泉。在社会主义建设的历史浪潮中，特别是在全社会道德领域除旧布新的教育实践过程中，涌现出了雷锋、王进喜、焦裕禄等一批社会主义道德的先进典型，在全国形成了爱祖国、爱人民、爱劳动、爱科学、爱社会主义和服从大局、艰苦奋斗、廉洁奉公等优良社会风气，推动了以爱国主义、集体主义和为人民服务等为主要内容的社会主义思想道德建设。可以说，社会主义建设时期孕育的雷锋精神、"两弹一星"精神、红旗渠精神等，是社会主义建设的伟大实践中社会主义核心价值观的真实写照。也正是因为这些核心价值观的精神引领和价值导向，才使千百万群众在榜样的引领下、在精神的激励下毅然决然地投身于社会主义建设的伟大实践。

2. 改革开放新时期社会主义核心价值观的发展

改革开放新时期，特别是党的十六届六中全会以后，我国提出了以"三个倡导"为内容，积极培育和践行社会主义核心价值观的重要论断和战略任务，不断对社会主义意识形态建设进行新的探索。

1978年12月，党的十一届三中全会重新恢复和确立了实事求是的思想路线。党中央坚持把马克思主义与改革开放和我国社会主义建设伟大实践相结合，科学继承了毛泽东思想、邓小平理论、"三个代表"重要思想、科学发展观、习近平新时代中国特色社会主义思想等马克思主义中国化的系列成果。马克思主义在意识形态领域的指导地位得到不断巩固,这为社会主义核心价值观的培育提供了极为重要的政治社会条件。

2006年3月,胡锦涛提出了"八荣八耻"社会主义荣辱观,在大力弘扬褒荣贬耻和古代的"知耻"文化传统的同时,赋予其新的时代内涵,深化了我们党对社会主义道德建设规律的科学认识。10月,党的十六届六中全会第一次明确提出了"建设社会主义核心价值体系"的重大命题和战略任务,明确提出了社会主义核心价值体系的内容和体系结构,并指出社会主义核心价值观是社会主义核心价值体系的内核。

2007年10月,党的十七大报告进一步指出了"社会主义核心价值体系是社会主义意识形态的本质体现"。这一论断进一步拓展了人们对社会主义核心价值体系精神实质的认识。

2011年10月,党的十七届六中全会强调,社会主义核心价值体系是"兴国之魂",建设社会主义核心价值体系是推动文化大发展、大繁荣的根本任务。该次全会站在新的高度对社会主义核心价值体系作出了新的科学论断和战略深化。

2012年11月,党的十八大报告明确提出"三个倡导",即倡导富强、民主、文明、和谐,倡导自由、平等、公正、法治,倡导爱国、敬业、诚信、友善,积极培育社会主义核心价值观。这是对社会主义核心价值观的最新概括,体现了我们党对社会主义核心价值体系的认识上升到了新的时代高度。

2013年12月,中共中央办公厅印发的《关于培育和践行社会主义核心价值观的意见》中明确提出,以"三个倡导"为基本内容的社会主义核心价值观,与中国特色社会主义发展要求相契合,与中华优秀传统文化和人类文明优秀成果相承接,是我们党凝聚全党全社会价值共识作出的重要论断。这个意见从社会发展要求、文化结合路径等方面对社会主义核心价值观和社会主义核心价值体系作了进一步的深入剖析,并提出了明确要求。

2017年10月18日,习近平在十九大报告中强调:"培育和践行社会主义核心价值观……要以培养担当民族复兴大任的时代新人为着眼点,强化教育引导、实践养成、制度保障,发挥社会主义核心价值观对国民教育、精神文明创建、精神文化产品创作生产传播的引领作用,把社会主义核心价值观融入社会发展各方面,转化为人们的情感认同和行为习惯。"[①]这一新时代的伟大论断赋予了社会主义核心价值观新的内涵。要求坚持全民行动、干部带头,从家庭做起,从娃娃抓起;深入挖掘中华优秀传统文化蕴含的思想观念、人文精神、道德规范,结合时代要求,继承创新,让中华文化展现出永久魅力和时代风采。

2018年3月11日,第十三届全国人民代表大会第一次会议通过《中华人民共和国宪法修正案》,将"国家提倡爱祖国、爱人民、爱劳动、爱科学、爱社会主义的公德"修改为"国家倡导社会主义核心价值观,提倡爱祖国、爱人民、爱劳动、爱科学、爱社会主义的公德"。

总之,早在1949年中华人民共和国成立之初,我们党就明确提出了全国人民的奋斗目标——富强、民主。改革开放之后,建设中国特色社会主义的奋斗目标更侧重体现在文明、和谐。中国特色社会主义的本质要求在于自由、平等;而中国特色社会主义建设要求依法治国、建设法治社会的必要条件则为公正、法治;广大人民群众的人生发展与国家政治、经济、

[①] 习近平:《决胜全面建成小康社会 夺取新时代中国特色社会主义伟大胜利——在中国共产党第十九次全国代表大会上的报告》,《人民日报》2017年10月18日。

文化发展紧密结合的基本要求为爱国、敬业、诚信、友善,这些都是我们要实现"两个一百年"奋斗目标道路上必须继承的,是弘扬中华民族传统文化和优秀精神须臾都离不开的。这些价值观的表述能够获得人们的普遍认同和共鸣,与社会主义核心价值观的育人功能和作用息息相关。它们共同规定着国家和社会发展的基本方向,通过塑造国家形象、彰显制度精神来引导、规范社会成员的行为。同时他们能影响经济、政治、文化和社会生活的方方面面,引领各个领域、各个层次的具体价值观念,具有强大的感召力、凝聚力和引导力。

(二)社会主义核心价值观的本质与内涵

价值观是指个人对周围客观事物及对自己的行为结果的意义、作用、效果和重要性的总评价和总看法。社会主义价值观由基本价值观和核心价值观两部分组成,其中对什么是社会主义以及社会主义的根本属性作出了深层次的回答。核心价值观是社会主义核心价值体系的核心和主导。在中国,社会主义核心价值观无疑是社会主义核心价值体系的内核。社会主义核心价值观不仅体现了社会主义核心价值体系的根本性质和基本特征,还深刻反映出社会主义核心价值体系的丰富内涵和实践要求,并使之高度凝练和集中表达。

对任何一个社会来讲,由于主体的多元性,其价值观念也必然是多样的。而这些多样的价值观念汇聚在一起,便构成了这个社会的价值观念体系。基于不同的价值观念在整个价值体系中所处的地位和功能不同,可将其分为主导价值观、共同价值观和从属价值观。主导价值观是指在一个价值多元的社会中占统帅地位,能体现这个社会意识形态本质与特征,并对其他价值观念的发展方向具有引导和规范的作用的价值观念。其存在和作用是一个社会价值导向成为可能的前提。一种价值观要成为一个社会的主导价值观,需要满足三个条件:必须为一个国家的各种制度的合法性提供有效的论证,必须能为整个国家的发展和社会成员的活动指明方向,必须在理论上有足够的解释力和吸引力从而能为社会成员所理解和接受。共同价值观是指在一个价值多元的社会中,能被大多数社会成员所认同和信奉,并深刻影响其日常生活实践的价值观念。其存在是在主导价值观引导和规范作用下,最大多数社会成员取得的最小共识的结果。从属价值观是指非主导或非主流的价值观念。它仅仅被个体或一小部分社会成员所认同和接受,并决定着他们的价值选择和价值取向。从内涵和功能上看,在一个社会的价值观念体系中,主导价值观和共同价值观处于核心地位,从属价值观处于非核心地位。社会主义核心价值观的建构,基于国家主体,可凝练出体现中国特色社会主义性质和引领社会发展方向的主导价值观,即富强、民主、文明、和谐;基于公民主体,可凝练出反映人民精神追求的价值取向的共同价值观,即仁爱、正义、守法、诚信。这两个方面的内容共同构成了社会主义核心价值观的基本内涵。[①]

概括社会主义核心价值观,一个前置性的问题就是首先要弄清社会主义核心价值体系与核心价值观的关系。此外,如何正确看待社会主义核心价值观的合理依据也成为一个不得不面对的问题。这主要涉及如何看待马克思主义及其中国化成果、中国传统文化和外来文化在概括社会主义核心价值观过程中所处的地位和作用问题。关于社会主义核心价值观

---

① 杨明等:《社会主义核心价值体系论纲》,南京大学出版社,2013,第295页。

的具体表述，无论是在理论上，还是在实践探索中，都呈现出纷繁复杂的局面，这也从一个侧面折射出社会主义核心价值由体系的建构逐步走向价值观的凝练已成为当前核心价值体系建设的一个基本方向。[①]可见，社会主义核心价值观的概括必须坚持一系列基本原则，比如：必须体现中国特色社会主义的前进方向，必须立足于中华民族价值观的优秀传统，必须代表人类价值观发展的先进方向，必须满足全体公民基本的物质精神诉求。党的十八大提出："倡导富强、民主、文明、和谐，倡导自由、平等、公正、法治，倡导爱国、敬业、诚信、友善，积极培育和践行社会主义核心价值观。"[②]这被简称为"三个倡导"。国家层面的价值目标是富强、民主、文明、和谐，社会层面的价值取向是自由、平等、公正、法治，公民个人层面的价值准则是爱国、敬业、诚信、友善，这24个字包含了社会主义核心价值观的基本内容。国家层面在整个价值体系中占首要地位，统领其他层次，是我们建设中国特色社会主义现代化国家的主要目标。积极倡导"富强、民主、文明、和谐"，是从价值目标层面凝练出的国家发展方向。在社会层面积极倡导"自由、平等、公正、法治"，是党和国家带领人民追求美好生活的形象表述，并成为全社会矢志不渝、长期坚持的核心价值理念。在公民层面积极倡导"爱国、敬业、诚信、友善"，是党和国家对全体中华儿女提出的最基本的道德规范，既是人们在社会道德生活的各个领域、各个层面都必须恪守的基本道德准则，也是评价公民道德行为选择的基本价值标准。

---

① 杨明等：《社会主义核心价值体系论纲》，南京大学出版社，2013，第264页。
② 胡锦涛：《坚定不移沿着中国特色社会主义道路前进 为全面建成小康社会而奋斗——在中国共产党第十八次全国代表大会上的报告》，《人民日报》2012年11月8日。

第五章　培育和践行社会主义核心价值观

1. 国家层面：富强、民主、文明、和谐

富强、民主、文明、和谐，在社会主义核心价值观中居于最高层次，对其他层次的价值理念具有指引作用。它不仅是我国社会主义现代化国家的建设目标，也是从价值目标层面对社会主义核心价值观基本理念的凝练。富强即国富民强，是社会主义现代化国家经济建设的自然状态和中华民族梦寐以求的美好愿景，同时也是国家繁荣昌盛、人民幸福安康的物质基础。民主是人类社会的美好诉求。我们追求的民主是以人民当家作主为核心的人民民主。它是社会主义的生命之源，也是人民创造美好幸福生活的政治保障。文明是社会进步的重要标志和社会主义现代化国家的显著特征。它是社会主义现代化国家文化建设的应有状态，是对面向现代化、面向世界、面向未来的民族的、科学的、大众的社会主义先进文化的高度概括，是实现中华民族伟大复兴的重要支柱。和谐是中国传统文化的基本理念，集中体现在要构建学有所教、劳有所得、病有所医、老有所养、住有所居的和谐社会。它不仅是社会主义现代化国家在经济社会建设领域的价值诉求，也是经济社会和谐稳定、持续健康发展的重要前提。

2. 社会层面：自由、平等、公正、法治

自由、平等、公正、法治，是对美好社会的向往，也是从社会层面对社会主义核心价值观基本理念的凝练。它反映了中国特色社会主义的基本属性，是我党矢志不渝、长期追求的核心价值理念。自由是指人的意志自由、存在自由和发展自由，是人类社会的美好向往，也是马克思主义追求的社会价值目标。平等指的是法律面前人人平等，其价值取向是不断实现真正意义的平等。它要求尊重和保障人权，人人依法享有平等参与、平等发展的权利。公正即社会公平和正义，它将人的解放、人的自由平等权利的获得作为前提，是国家、社会应有的根本价值理念。法治是治国理政的基本方法，社会主义民主政治的基本要求是依法治国。它通过法制建设来维护和保障公民的根本利益，是实现自由平等、公平正义的制度保证。

3. 个人层面：爱国、敬业、诚信、友善

爱国、敬业、诚信、友善，是公民的基本道德规范，也是从个人行为层面对社会主义核心价值观基本理念的凝练。它覆盖社会道德生活的各方面，是公民必须遵守的基本道德规范，也是评价公民道德行为的基本价值标准。爱国是基于个人对自己祖国依赖关系的厚重情感，也是调节个人与祖国关系的润滑剂。它同社会主义紧密结合在一起，要求人们做到促进民族团结、维护祖国统一、自觉报效祖国。敬业是对公民职业行为准则的价值评价，忠于职守、克己奉公、服务人民、服务社会是社会主义职业精神的客观要求。诚信即诚实守信，是人类社会千百年传承下来的传统道德，作为社会主义道德建设的重点内容，它强调诚实劳动、信守承诺、诚恳待人的品质。友善强调公民之间应互助互爱，和睦友好，努力形成社会主义的新型人际关系。

（三）社会主义核心价值观的时代价值和重要意义

1. 社会主义核心价值观是当代中国精神的集中体现

习近平在党的十九大报告中深刻地指出：社会主义核心价值观是当代中国精神的集中体现。这一精辟论述揭示出社会主义核心价值观与当代中国精神之间的紧密关系，也标志着我们党对社会主义核心价值观理论内涵和精神实质的认识达到了新高度。这一科学论断搭建起社会主义核心价值观与中国精神之间不同文化实质和精神内涵的互动桥梁，意味着党对社会主义核心价值观的认识有了一个新的飞跃，是一次对社会主义核心价值观精神实质认识上的升华。党的十八大以来，全国广大人民群众都在践行社会主义核心价值观并了解到中国精神的精粹，通过不断总结党的十八大以来社会主义核心价值体系的建设经验，进一步突破了对当代中国精神的认知范畴。在新时代培育和践行社会主义核心价值观的实践中，中国精神起到至关重要的统揽作用，并让人们更加明晰了发扬当代中国精神、建设社会主义核心价值体系的根本方法和基本路径。

马克思曾强调："任何真正的哲学都是自己时代的精神上的精华。""社会主义核心价值观是当代中国精神的集中体现"这一科学表述既反映了时代特征，也映射出实践要求。自党的十八大提出社会主义核心价值观之后，社会主义核心价值观不断地融入社会主义建设的方方面面，日益被广大人民群众在日常生活实践中认知、认同，并自觉转化为内在的信念和外在的行为。社会主义核心价值观的广泛弘扬，提升了当代中国民众的精神境界；激发了中华民族的自尊心和自信心，重新振奋起走向美好未来的精气神；凝聚了兴国之魂、强国之魄。概括地说，培育和践行社会主义核心价值观的重大成就聚焦在当代中国精神这面旗帜上，象征着全体人民的共同价值信仰，彰显着社会主义意识形态的强大凝聚力和引领力。

正如习近平所强调："人民有信仰，国家有力量，民族有希望。"这深刻揭示出未来中国发展的动力源泉，也鲜明地指出了中国未来发展的方向。其中如何让"人民有信仰"，就是要发挥社会主义核心价值观的精神引领作用。没有信仰的民族是不能屹立于世界民族之林的。社会主义核心价值观弘扬了当代中国精神，而当代中国精神也集中反映出社会主义核心价值观的丰富内涵，这些思想内涵和精神实质越来越被人们所认识、所接受，成为推进中国特色社会主义各项事业的精神共识和思想根基。

十九大报告提出："更好构筑中国精神、中国价值、中国力量。"这个过程，实质上便是精神和价值塑造人的过程。价值观是自我发展最深层的内核，价值观自信是对自身价值和精神自信最本质的体现。社会主义核心价值体系具有坚如磐石的精神和信仰力量，能使我们铸牢理想信念、坚守价值追求、聚合磅礴之力，共同推动中国在中国特色社会主义的道路上飞速发展。国家的发展能增强人们的"四个自信"，能让中国在发展的道路上越走越坚定、越走越自信，以一往无前的奋斗姿态胜利抵达光辉的彼岸。

2. 社会主义核心价值观凝结着全体人民共同的价值追求

社会主义核心价值观着重表现出中华民族的共同价值追求，将群众共同的价值追求聚焦于一个实际的点。中华民族要想有深层的精神向往和蓬勃的生命力，必须推动社会主义核心价值观的培育和践行。通过它使人民在价值观上有一个定位，让它提供建设中国特色社会主义的驱动力，让它凝聚中华儿女的共同价值追求。通过确立一个社会主义现代化国家的发展要求，让全党继续带领人民朝着共同的价值追求艰苦奋斗、砥砺前行，不断探索寻求正确的方式方法，着重培养有时代担当的新人，把这些时代新人培育为实现中华民族伟大复兴的接班人。不断探索社会主义核心价值观教育的根本，注重实践精神培育、强化社会主义核心价值观对人民生活的精神引领。时代在发展，只有通过社会主义核心价值观引领全体人民共同的价值追求并引领精神文化的发展，才能让它转化为人们的情感认同和行为习惯，并为全体人民共同奋斗凝聚澎湃力量和思想共识。

牢固树立和践行社会主义核心价值观，深刻地体现了目前全球化形势对中国的时代要求。尤其在互联网迅猛发展的今天，人们接收到的信息多元化并且良莠不齐。拜金主义、自由主义等腐朽思想开始滋生和蔓延。在全球化和市场化导致经济社会凸显出各种问题的大背景下，必须坚持意识形态和价值追求的方向性和主导性，从整体上把握价值追求和文化前进的总方向。牢固树立并践行社会主义核心价值观，有利于增强社会主义价值追求的凝聚力。社会主义核心价值观的涉及面广、包容性强，具有整合、凝聚、感召和激励等功能作用，是社会主义价值追求最本质、最核心、最重要的体现。全面发挥社会主义核心价值观在各民族、各阶层、各群体的精神纽带作用，就能更好地促进中华民族和全社会的发展进步。

3. 反映全党全国人民团结奋斗的共同思想基础和共同愿望

中华民族在建设中国特色社会主义的道路上团结奋进，众志成城，都是因为有社会主义核心价值体系这一座时代灯塔的精神引领，它使中国改革开放和现代化建设的巨轮扬帆起航，在崎岖不平的民族探索之路上，如同指南针一样指明了奋斗的方向，谱唱了一曲激昂的时代之歌。社会主义核心价值观作为一种精神力量，引导着党员干部和广大群众自觉地与党中央保持高度一致，政治上同心，情感上同理，行动上同步，面对社会上的各种非议和否定，以社会主义核心价值体系为思想武器，与各种噪音、杂音进行针锋相对的斗争。通过"举旗亮剑"和中国梦宣传教育，实现了"夯基培土"，让人们牢固树立社会主义核心价值观，坚定"四个自信"，齐心协力团结一致，凝聚每一个"梦"的力量。同时，对于各种社会矛盾和问题，通过社会主义核心价值体系的精神引领，有条不紊地攻坚克难、攻城拔寨、逐点突击、逐城攻破，让人们能够脚踏实地实现中国特色社会主义的伟大梦想。社会主义核心价值体系为中国特色社会主义各项事业提供正确的思想指导，为实现"两个一百年"和中华民族伟大复兴提供源源不断的精神动力。回首过去,道路曲折而艰辛,但也硕果累累。展望未来,我们信心满满,同时更需不断探索。社会主义核心价值观大到影响治国理政各个环节,小到与人民生活紧密联系,成为"百姓日用而不觉的行为准则",激励着中华民族为全面建成小康社会、为实现中国梦不懈奋斗,为构筑生机盎然的中国精神、中国价值和中国力量而踏梦前行。正如习近平在庆祝中华人民共和国成立65周年招待会上强调的:"用共同理想信念凝聚民族意志,用中国精神激发中国力量,动员全体中华儿女共同创造中华民族新的伟业。"

4. 成为社会主义国家经济、政治、文化、社会的发展动力

社会主义核心价值观是社会主义国家经济、政治、文化、社会等各项事业的发展动力和不可缺失的精神纽带,是社会全方位发展的引擎,是引领社会前进的指南针和方向盘。社会主义核心价值观是全民族共同承认的价值观。社会主义核心价值观非常有效地作用于经济、政治、文化和社会生活的各个方面。当下中国,社会进步的方向是朝向广大人民的根本利益和共同愿望的。在社会主义核心价值观这个共同理想灯塔的指引下,民族的生命力、创新力和凝聚力得到全面的激发,一切有利于国家、社会、人民的动力因素,一切有利于民族团结、祖国统一、人心凝聚的思想和精神,都在社会主义核心价值观的统揽和引领下,共同化为中华民族伟大复兴的磅礴力量。社会主义核心价值观实际成为推动国家经济、政治、文化、社会等各项事业进步取之不尽用之不竭的发展动力。

5. 体现富强、民主、文明、和谐、美丽的社会主义现代化国家的发展要求

社会主义核心价值观的目标是"富强、民主、文明、和谐",是引领

社会思潮、凝集社会共识、团结各族人民，带领他们实现伟大复兴的理论和实践指导。它指明核心价值观只有与一个时代衔接紧密，才能增强社会的凝聚力和生长力，才能引领富强、民主、文明、和谐的社会主义现代化国家的发展要求。所以必须聚集中华民族共同的价值目标，并使国家在价值与思想上形成呼应，唯此，中国特色社会主义的航行方向才能不出现偏差，人民在此基础上才能进一步认识到民族与国家的奋斗目标，进一步促进人们对中国特色社会主义的认识，使人们更加清晰地认识中华民族伟大复兴的中国梦。

习近平在访欧演讲时指出：中国梦不仅是物质之梦，更是精神之梦。实现中国梦，是物质文明和精神文明发展均衡、相互促进的结果，是物质文明和精神文明比翼双飞的发展过程。在中国经济不断发展的过程中，中华文明也必然会散发出更有朝气的生命力。社会主义核心价值观，是共产党在发展新阶段建立的一个全国人民的精神归宿，是建立国家与人民命运共同体的精神顶梁柱。它体现富强、民主、文明、和谐的社会主义现代化国家的发展要求，能将国民的思想团结到社会主义现代化建设的伟大追求中来，义无反顾、奋勇向前地为同一个中国梦而奋斗，为国家的荣耀而拼搏。

随着时代的发展与各国综合实力的提升，当今世界国家之间的竞争瞬息万变，既表现为经济、科技、军事等硬实力的竞争，又反映了软实力的较量。在软实力中，最关键的就是核心价值体系。每个国家拥有着属于自己的核心价值观，因此它直接反映着民族的凝聚力和国家的核心竞争力。"天下之至柔，驰骋天下之至坚。"建设社会主义核心价值体系，有利于进一步凝聚民心、鼓舞斗志，提高经济全球化条件下的国家竞争力，在激烈的国际竞争中维护国家和民族的利益。

社会主义核心价值体系的精神引领

马克思曾指出:"人们的意识,随着人们的生活条件、人们的社会关系、人们的社会存在的改变而改变。"而建设社会主义核心价值观对于引领人们的意识,改变人们的生活有着重要的作用,同样也有着非常重大的意义。

首先,社会主义核心价值观是抵御西方资本主义价值观入侵的思想武器。西方国家对我国意识形态领域的渗透从来就没有停止过。他们时时刻刻想迷惑社会主义接班人的心灵,特别是在价值观领域表现得更为严重。因为社会主义核心价值观是社会主义核心价值体系的内核,体现社会主义核心价值体系的根本性质和基本特征,反映社会主义核心价值体系的丰富内涵和实践要求,是社会主义核心价值体系的高度凝练和集中表达,所以便成了西方国家攻击的对象。为有效应对西方意识形态和价值观念对我国价值观的冲击和破坏,培育并践行社会主义核心价值观是一件迫在眉睫、必须高度重视并推动的大事,也是我们党立足于当前复杂多变的世情、国情和党情所作出的重大战略决策。

其次,社会主义核心价值观是增强中华民族凝聚力和国家认同的精神纽带。中国是一个由多民族组成的社会主义国家,因此民族之间的核心纽带显得更为重要。我们必须保证纽带的坚韧。众所周知,发展是解决中国所有问题的关键,但是发展需要全国各族人民的共同努力。因此,民族之间的纽带是必须牢固连接好的。建设社会主义核心价值体系,培育社会主义核心价值观,能够从根本上增强中华民族的凝聚力,为发展凝心聚力,为中国力量聚力,为中国精神聚力,为中国价值聚力。

再次,社会主义核心价值观彰显社会主义制度的优越性。社会主义核心价值观是属于社会主义性质的价值观,必须坚持社会主义基本制度并同其紧密联系在一起，共同捍卫社会主义制度。要把践行社会主义核心价值观作为社会治理的重要内容，融入制度建设和治理工作中。社会主义核心价值观首先点明了我们要凝练核心价值观的性质。从本质上看，社会主义核心价值观是中国的核心价值观，必须彰显"中国特色"。所谓"中国特色"，即实践特色、理论特色、民族特色、时代特色。

最后，用社会主义核心价值观夯实中国软实力。它有利于提高社会主义核心价值体系在群众中的感召力和影响力。加强思想道德建设，繁荣发展社会主义文艺。人民有信仰，民族有希望，国家有力量。社会主义核心价值观是对人民思想的武装。它有利于提升全社会的文明程度；有利于引导人们树立正确的历史观、民族观、国家观、文化观；有利于凝聚起全党全社会奋斗的力量和激情，从而成为激励全党和全国各族人民奋勇前进的强大精神力量；有利于增强社会主义核心价值体系的内在统一性，增强马克思主义和社会主义意识形态的吸引力和感召力。

2012年11月29日，习近平在国家博物馆参观"复兴之路"之时，提出了实现中华民族伟大复兴的中国梦。这一宣言不仅体现了黄钟大吕之音，更映射出习总书记的富民强国之情。要使一个民族复兴，必然少不了价值追求的指引。哪一段艰难奋进的征程没有信仰力量的支撑？尽管前路荆棘丛生，但中华民族始终坚信"人定兮胜天，半壁久无胡日月"，这是一种追求，更是一种最持久最深沉的力量，正如习近平所言："人民有信仰，民族有希望，国家有力量。"

党在十八大以来不断加强培育与弘扬社会主义核心价值观，"在人的心灵里搞建设"，知行合一，久久为功，永不停息。我们要探索出"一个民族赖以维系的精神纽带"，筑牢"一个国家共同的思想道德基础"，不

社会主义核心价值体系的精神引领

断彰显出日益强劲的中国精神、中国价值、中国力量，托举起跨越百年的光辉梦想——中华民族伟大复兴中国梦。

习近平指出："核心价值观，承载着一个民族、一个国家的精神追求，体现着一个社会评判是非曲直的价值标准。""核心价值观是一个民族赖以维系的精神纽带，是一个国家共同的思想道德基础。如果没有共同的核心价值观，一个民族、一个国家就会魂无定所、行无依归。"这就需要我们不断提高国家文化软实力，加强国民素质教育和中华传统文化教育，不断取其精华，去其糟粕；弘扬社会主义核心价值观，继承中华传统美德。关于这些，中共中央政治局率先垂范，在中央政治局集体学习中，很多主题都围绕中华民族爱国精神的历史形成和发展，其中第12次、第13次、第29次的主题均与核心价值观建设紧密相关。他们深刻地学习了中国未来建设中社会主义核心价值观的要义、内容、作用等，从而让中共中央治国理政的思路越来越清晰，步伐越来越坚定。

6. 扩大社会主流价值观影响力、提高国家文化软实力的重要路径

习近平指出："一个国家的文化软实力，从根本上说，取决于其核心价值观的生命力、凝聚力、感召力。"价值观影响着文化，实际上各个国家的文化争斗深层次分析也是价值观上的一场无硝烟战争。因为文化实力的大小归根结底是由价值观决定的，正是中国坚持社会主义核心价值观才让中国逐渐站在世界舞台中间，而不是成为他国的附庸。

习近平多次强调：提高国家文化软实力，关系到国家的国际影响力和国际地位，关系到"两个一百年"奋斗目标和中华民族伟大复兴中国梦的实现。文化软实力是一个国家的灵魂。一个国家，经济、科技、军事就如它的硬件，而它的民族精神与气节便是它的灵魂，因此国家的总体实力在

于硬件与灵魂的默契结合，民族的精气神也决定了国家的生命力和它在时代中的影响力。中华民族的精神气节是中华上下五千年发展中沉积下来的深沉的国魂，独一无二且坚韧不拔，成为国家深厚的文化底蕴。近年来，好莱坞大片占据世界各国市场，中国人在西方人影片中只能扮演存在感很低的角色，但是孔子在国际上得到了广泛认同，中国无论经济还是其他的领域的发展，都出现了一个个奇迹，同时更值得我们骄傲的是各国对中华民族气节和精神的由衷称赞。这些社会主流价值观影响力的扩大、国家文化软实力的提高都是因为社会主义核心价值观的培育。

社会主义核心价值观，是中国对全人类共同价值的重要贡献，也是中国对人类文明包容互鉴所作的郑重承诺。从和谐中国到和谐世界，从社会主义核心价值观到全人类共同价值，从人类命运共同体到价值共同体，中国不断积累经验，把中国的成功实践和经验总结带向世界，在世界发展中贡献中国力量，把中国理念推向世界。让世界上更多的人更为广泛地认同中国价值，了解中国文化。正如英国《金融时报》刊文所称：中国的梦想不仅关乎中国的命运，也关乎世界的命运。

（四）近年来培育和践行社会主义核心价值观的伟大实践和明显成效

近年来，通过在全国范围内深入开展培育和践行社会主义核心价值观活动，一批又一批充满时代感、饱含正能量的先进个人和集体脱颖而出，各种先进典型人物不断涌现出来，为全社会树立了道德标杆，成为社会主义核心价值观引领各项建设的伟大旗帜。

中共中央办公厅印发的《关于培育和践行社会主义核心价值观的意见》和中央宣传部、中央文明办印发的《培育和践行社会主义核心价值观

社会主义核心价值体系的精神引领

行动方案》为培育和践行社会主义核心价值观提供了重要的政策支撑和方向指导。全国上下通过凝聚并传递社会正能量，让人们从心底迸发对善的敬重、对美的向往。中宣部和各地宣传部门组织新闻媒体及时报道各地和各行业涌现的"时代楷模""最美人物"，为具有重大社会影响的"时代楷模""最美人物"举办先进事迹报告会，联合传统媒体和新兴媒体，做到全媒体宣传、全栏目直播，形成鲜明的价值导向，推动社会主义核心价值观内化于心、外化于行，营造了一个见贤思齐、崇德向善、"好人就在身边，先进就在眼前"的社会氛围，为先进个人和集体的不断涌现培育了良田沃土。一个个闪光的名字照亮了整个社会的价值星空，成为引领社会主流价值的鲜明旗帜。"时代楷模""最美职工""最美家庭""最美志愿者""见义勇为最美人物"……一系列先进典型用鲜活生动的行为，彰显了平凡中的伟大，体现了社会主义核心价值观的深刻内涵。

环顾华夏，引领追求美、创造美、践行美的社会主义核心价值观建设遍布全国各地，真善美的社会主义风尚蔚然成风。社会主义核心价值观的宣传标语正日益转变成人们的实际行动，在人们坚持不懈的努力下，社会主义核心价值观在神州大地落地生根、枝繁叶茂。

当下，社会主义核心价值观正日益转变成人们的实际行动，成效显著，主要体现出以下特点：一是高度重视，加大投入，营造了践行社会主义核心价值观的浓厚气氛；二是突出特色，公益广告宣传的覆盖面和影响力不断扩大；三是深化校园教育，将社会主义核心价值观贯穿到了整个国民教育的主线之中；四是强化管理，完善各行各业的规章制度，使社会主义核心价值观成为人们工作生活的基本遵循。

二、社会主义核心价值观是社会主义核心价值体系的内核

2013年12月，中共中央办公厅印发《关于培育和践行社会主义核心价值观的意见》，明确提出社会主义核心价值观是社会主义核心价值体系的内核，是社会主义核心价值体系的高度凝练和集中表达。既体现了社会主义核心价值体系的根本性质和基本特征，也反映了社会主义核心价值体系的丰富内涵和实践要求。

（一）体现了社会主义核心价值体系的根本性质和基本特征

社会主义核心价值体系的内核是社会主义核心价值观。它不仅体现了社会主义核心价值体系的根本性质和基本特征，而且反映出丰富内涵和实践要求，是社会主义核心价值体系的高度凝练和集中表达。培育和践行社会主义核心价值观，对于巩固马克思主义在意识形态领域的指导地位、巩固全党全国人民团结奋斗的共同思想基础、促进人的全面发展、引领社会全面进步都具有重要的现实意义和深远的历史意义；对于集聚全面建成小康社会、实现中华民族伟大复兴中国梦的强大正能量也具有重要的时代价值和实践意义。价值观作为一种社会意识，集中反映着社会的经济、政治、文化，代表了人们对社会生活的总体认识、基本理念和理想追求。坚持以人为本，就是要推进人的全面发展，真正把人放在主体地位，实现、维护、发展好人民群众的利益；坚持以理想信念为核心，就是要抓住世界观、人生观、价值观这个总开关。正是因为有坚定的理想信念，我们党才拥有在革命、建设和改革中战无不胜、攻无不克的强大力量。无论如何，我们都必须在全社会牢固树立中国特色社会主义共同理想，着力铸牢人们

的精神支柱；加强社会公德、职业道德、家庭美德、个人品德教育，形成修身律己、崇德向善、礼让宽容的道德风尚，充分体现出社会主义核心价值体系的根本性质和基本特征。

（二）反映了社会主义核心价值体系的丰富内涵和实践要求

我们要建设什么样的国家、建成什么样的社会、培育什么样的公民？答案是唯一的也是肯定的——培育和践行社会主义核心价值观，推进中国特色社会主义伟大事业，实现中华民族伟大复兴中国梦。中国古代历来推崇修身、齐家、治国、平天下，这说明国家社会和个人是不可分割的整体。社会主义核心价值观传承着中国优秀传统文化的基因，寄托着近代以来中国人民为了国家富强和民族独立而不断上下求索、历经千辛万苦确立的理想和信念，也承载着我们每个人对未来生活的美好愿景和把国家建设得更加富强、民主、文明、和谐、美丽的执着追求。如何让中华民族以前所未有的自信、自强、自立的姿态重新登上世界民族之巅，我们可以从社会主义核心价值体系的丰富内涵和实践要求中找到满意的答案。

（三）映射出社会主义核心价值体系的高度凝练和集中表达

习近平指出，人类发展历史长河中，核心价值观对一个民族、一个国家来说是最持久、最深层的力量。这说明社会主义核心价值观是全社会共同认可的，那么它必须同这个民族、这个国家的历史文化相互影响、相互渗透；必须同这个民族、这个国家的人民的共同奋斗目标相一致；必须同这个民族、这个国家需要解决的时代问题相适应。每个时代都有其独具的精神，每个民族都有共同的价值观念。社会主义核心价值观，既是中国特色社会主义伟大实践在精神层面的宝贵结晶，也是中华文明长期滋养的结果。中华历史五千年，形成了讲仁爱、重民本、守诚信、崇正义、尚和合、求大同的价值传统，也形成了以"仁义礼智信"等为主要内容的核心价值观。这些历史的沉积成为中华民族生存和发展的道德规约，更成为维系中华文明世代延续的精神内核。

中国的主流价值观毋庸置疑是社会主义核心价值观，其从国家、社会、公民的三个层面提出的价值要求，既继承了中华优秀传统文化，也吸收了世界文明有益成果，既体现了社会主义本质要求，也彰显了时代精神。社会主义核心价值观反映了当代中国社会发展进步的方向，是实现中华民族伟大复兴中国梦的精神基础，是增强中国人民道路自信、理论自信、制度自信、文化自信的根本保障。

三、如何培育和践行社会主义核心价值观

党的十九大报告明确指出：社会主义核心价值观是当代中国精神的集中体现，凝结着全体人民共同的价值追求。以培养担当民族复兴大任的时代新人为基点，以强化教育引导、实践养成、制度保障多点同步发展，发挥社会主义核心价值观对国民教育、精神文明创建、精神文化产品创作生产传播的引领作用，把社会主义核心价值观融入社会发展各方面，转化为人们的情感认同和行为习惯。一是干部引领，党员干部特别是领导干部要把"为民、务实、清廉"作为立党为公、执政为民的核心价值观，因为它是社会主义核心价值观最直接、最生动的体现；二是公民参与，从家庭做

起，从娃娃抓起。要以社会公德、职业道德、家庭美德和个人品德建设为载体，倡导互助、奉献、诚信的社会风尚。深入挖掘中华优秀传统文化蕴含的思想观念、人文精神、道德规范，结合时代要求继承创新，让中华文化展现出永久魅力和时代风采。

（一）要把培养担当复兴大任的时代新人作为凝魂聚气强基固本的基础工程

强国富民是一个人、一个民族、一个国家的重要追求。追求国家的核心价值观，能够展现全社会的价值准则。国无德不兴，人无德不立，中国特色社会主义建设是全新的事业，也是复杂的过程。现在的中国发展，越向往美好的精神生活，越要将核心价值观提到足以支撑这个向往的重要位置，然后将其化为强国富民的标准。所以，我们就必须将培育实现民族复兴的时代新人作为重要抓手，让他们担当起强国富民的重任。只有将社会主义核心价值观作为共同的思想基础，才能使其成为一个国家、一个民族的精神向往，才能竭力发挥重要的团结凝聚作用，让人民在其中感受到核心价值观的精神力量，进而造就民族精神、民族魄力。

习近平在党的十九大报告中着重提出"要以培养担当民族复兴大任的时代新人为着眼点"。习总书记还在全国宣传思想工作会议上强调"做好新形势下宣传思想工作的使命任务，必须自觉承担起举旗帜、聚民心、育新人、兴文化、展形象的使命任务"，并就如何"育新人"提出要求、作出部署，指明了立德树人、以文化人的实践方向，再次深刻阐明了新时代"培养什么人、如何培养人"这一根本问题，为新时期培育和践行社会主义核心价值观提供了基本遵循。

第五章 培育和践行社会主义核心价值观

"育新人"就应当以培育可以承担实现民族伟大复兴为己任的时代新人为重要责任。习近平指出：教育工作就应该以人为本，就应该把实现民族伟大复兴的大任作为己任。实现民族振兴和持久发展的战略方针，人才是不可缺少的部分，是实现中华民族伟大复兴的关键和保障，培育时代新人已经迫在眉睫。面对越来越复杂的国际关系和激烈的国际竞争趋势，中国想要在当中立足并且占主导地位，必须依靠时代新人的精神素养。这也印证了习近平在十九大报告中提出的：新一代人有了思想，有了能力，敢承担，国家就将有前进的力量，民族就能看见曙光。培养和践行社会主义核心价值观就必须防止人们在价值方向上"模糊化"乃至"混乱化"，要引导时代新人主动去践行社会主义核心价值观。

"育新人"就必须有稳固的思想观念作为精神之石，要指导青少年明确社会主义核心价值观。社会主义核心价值观是当今社会精神的集体表现，聚集着各个民族的价值取向，时代新人不仅仅是弘扬社会主义核心价值观的主力军，也是社会主义核心价值观的主体践行者。习近平曾指出：青年的价值取向将会影响到未来整个社会的价值取向，而且青少年又处于价值观确立的重要时期，把握好这一关键时期，对培养价值观尤为重要。要加强教育指导，积极实践，将社会主义核心价值观恰到好处地融入社会发展的各个角落，指导全体人民主动实践。要把握好青少年价值取向的形成和培育内容。新时代的今天，必须要让培养的时代新人对社会主义核心价值观表示认同，把社会主义核心价值观作为一种感性认识和自觉行为，发挥时代新人的活跃性、积极向上性，让其成为社会主义核心价值观的传播者，在勤奋学习、修身养性、明辨是非、笃学力行等方面有引导作用，要有日常的自我约束，当好践行社会主义核心价值观的先锋和模范。与此同时，教师对学生人格素养培养至关重要，要做好传播中华民族伟大复兴中国梦的正能量储备，守好学校这一片净土，让教师在教书树人、培育和践行社会主义核心价值观方面发挥好模范引领和行为先锋作用。

（二）要把强化教育引导、实践养成、制度保障融入国民教育全过程

自党的十八大以来，中央非常重视社会主义核心价值观的培养和奉行。习近平多次提出明确要求，着重强调要把强化教育引导、实践养成、制度保障三个方面和国民教育融为一体。培养和发扬社会主义核心价值观，必须加强学习贯彻习近平系列重要讲话精神，牢牢抓住"三个倡导"24个字，并综合运用教育引导、实践养成、制度保障等方式，将社会主义核心价值观与国民教育融为一体，最终落实到社会、经济发展的方方面面，让它转化为人们的精神渴望和自觉行动。总的来说，应从国家、社会、公民三个层面开展宣传教育的工作。社会主义核心价值观是上层建筑的范畴，是由我国的经济基础和政治制度决定的，在社会、经济发展的方方面面得到了体现，例如：人们日常生活以及政策制度、法律法规等方面。不能把培养和奉行社会主义核心价值观与国家发展总的目标下的各方面工作分离开来，要高度地运用教育手段，真正做到学校、社会和家庭全方面教育，把社会主义核心价值观贯穿于国民教育的始终。教育不是一个人的责任。一个人想要成为什么样的人，拥有什么样的志向和道德素养，必须依靠教育这块基石，它在其中演绎着至关重要的角色。当然，针对不同年龄段的青少年，应该采取不一样的教育方式，形成学校教育、社会教学及家庭教学的网状教育平台，把社会主义核心价值观教育融入课堂教学、家庭教学、社会教学等国民教育全过程之中。

第五章 培育和践行社会主义核心价值观

培养和奉行社会主义核心价值观，是一个漫长而艰难的过程，不可能立竿见影。要对社会主义核心价值观大力开展宣传教育，首先要在全社会叫响"三个倡导"24个字口号，带领人民群众进行大力宣传、深入研究阐释，让社会主义核心价值观家喻户晓。在开展宣传教育的同时，要有全面统一、深入分层、有针对性地抓重点的整体观念，将其划分为多个部分，找出各个阶段、各个领域的工作中心，一步一步地向前发展，滴水成河，日积月累，水到渠成，让社会主义核心价值观能够被人们深刻理解，使之与灵魂相融、与行为合一。要弘扬中华民族优秀传统文化，推进道德教育模范的实践，将社会主义核心价值观作为人们实践和行为的纲领，一定要做好融入的工作，完成好建设社会主义核心价值观的艰巨任务，把社会主义核心价值观真正融入社会实践活动之中，让人们在实践中与它零距离接触，感受其亲和力，达到潜移默化、润物无声的效果。要将社会主义核心价值观融入各行各业的实际工作之中并在其中生根成长，不断体现其正确价值导向和精神引领作用。还要将之与人们日常生活密切相连，从小处着手，为发扬社会主流价值创造一种生活场景和氛围，以达到"百姓日用而不知"的效果。要将政策制度、法律法规的规定融入社会主义核心价值观之中，并使社会主义核心价值观在政策制度、法律法规的各方面都得到体现，形成培养和践行社会主义核心价值观政策支柱和法律保障的基石。要将政策、法规的导向和约束作用发挥得淋漓尽致，让好的行为得到夸赞，坏的行为受到批评，以强化人们践行社会主义核心价值观的行动自觉性。要创新工作方法手段，培养和践行社会主义核心价值观，还必须适应形势发展变化及其规律，与群众的心理特点和接受习惯高度吻合，大胆创新并且有针对性地设计载体、搭建平台，不断提高培养和践行社会主义核心价值观的吸引力和实效性。

（三）要切实把社会主义核心价值观贯穿于经济发展和社会生活的方方面面

习近平在中共中央政治局第13次集体学习时着重强调：要确切地把社会主义核心价值观在社会生活中全方面联系起来。要使社会主义核心价值观通过教育引导、舆论宣传、文化熏陶、实践养成、制度保障等完善后炼化为人们的精神渴望和自觉行为。广大党员、干部必须树立榜样，以榜样的力量传播能量并且用自己的规范行为和高尚人格感染和号召群众，带头学习和弘扬社会主义核心价值观；要将小孩从小培养、从学校抓起，让社会主义核心价值观在教材、课堂之中立竿见影，在头脑之中唤之即来。把社会主义核心价值观以各种文化的方式形象地表现出来；用完美无瑕的作品生动具体地告诉人们什么是真实、善良和完美，什么是虚假、罪恶和丑陋，什么是值得坚信和夸赞的，什么是必须反对和否定的。

一种价值观要真正发挥作用，是不能高高在上、不接地气的，需要融入日常社会生活，让人们随处可见，时时领悟，常常感知。在细节中、微末处、现实里下功夫。因此要依照社会主义核心价值观的基本理念和要求，健全和发展社会各行各业的规章制度，完善市民公约、乡规民约、学生守则等行为准则，使人们在日常工作生活中遵循社会主义核心价值观。除此之外，还可以建立和规范一些礼仪制度，以历史为主题开展形式多样的纪念庆典活动，传播主流价值观，增强人们的认同感和归属感。充分利用各种机遇和场合，形成有利于培育和弘扬社会主义核心价值观的生活情景和社会氛围，使核心价值观的影响像空气一样成为每个人的必需品。总

第五章 培育和践行社会主义核心价值观

之，要通过具体的途径和方法，将社会主义核心价值观贯穿于经济发展和社会生活的各方面。

一是从舆论宣传入手。人类已经进入新媒体时代，各类媒体是思想意识形态的重要阵地，更是弘扬和传播社会主义核心价值观的主流平台，我们必须充分占领舆论高地，用社会主义核心价值观引领社会思潮，凝聚价值共识，使之内化为人们的精神追求，外化为人们的自觉行动。社会主义核心价值观的宣传要做到通俗、具体、接地气，使人民大众易于接受。将抽象理论转化为大众容易理解的通俗话语，尽量贴近普通民众的日常生活和内心情感，从而达到感染群众、凝聚人心、强化认同的传播效果，使之更容易被大众感知、接受并自觉践行。

二是发挥榜样的带头作用，激发全社会公民积极向上的正能量。榜样的影响力是不可低估的，尤其是相对于较抽象的理论。榜样是一个有血有肉的现实存在，模仿学习是一种操作性较强的方法。通过大力表扬身边的模范人物，充分发挥榜样的示范性作用。通过典型引导和先进示范，让人们接受榜样身上所蕴含的价值观和道德观，达到润物无声的效果。社会主义核心价值观并不是枯燥和虚无缥缈的大理论，也不是云里来雾里去的空头概念，而是实实在在的价值体现，是生活中真善美的本来面貌。要致力于将典型转化成人们思想上的引路人，成为人们价值取向的坐标，成为衡量我们这个时代精神文化的标杆，从而在全社会中激发人们自觉践行社会主义核心价值观的正能量。

三是从多方面切入，养成道德规范，营造良好的社会风气。把社会主义核心价值观贯穿于国家经济发展和人民社会生活的方方面面，其根本目的就在于实现核心价值观与大众日常生活的融合，在大众日常工作生活中寻找到适合社会主义核心价值观落地生根的土壤。首先要融入学习中。学习是最重要的社会风气之一，要形成全民学习、终身学习的社会风气，进而全面深刻把握社会主义核心价值观的丰富内涵，为践行社会主义核心价值观奠定思想基础和理论支持。其次要融入工作中。每个人的工作都在为中国特色社会主义建设添砖加瓦，要努力形成团结互助、积极进取、创先争优、为集体争光、为国家作出贡献的职业道德。再次要融入家庭生活中。家庭是社会的小单位，家庭好了，这个社会就好了。最后要融入个人品质的修养中，养成爱国诚信、文明友善、爱岗敬业的优秀个人品德。

（四）要发挥经济、政治、文化、社会等各方面政策导向作用

习近平在中共中央政治局第13次集体学习时强调：要坚持政策导向作用，让经济、政治、文化、社会等政策都有助于社会主义核心价值观的形成。要用法律来推动核心价值观建设。各种社会管理要担负起倡导社会主义核心价值观的责任，重视在日常管理中展现价值导向，使符合社会主义核心价值观的行为得到表扬、违背社会主义核心价值观的行为受到制裁。一个国家的强盛，需要有精神的支撑；一个民族的进步，依赖于文明的进程。历史表明，对于一个国家和民族而言，贫穷落后固然可怕，但更可怕的是精神空虚。没有理想信仰，内心没有约束，行为肆无忌惮，再多的外部要求，也会"法令滋彰，盗贼多有"；如果缺乏主导价值，没有了明确准则，打破了道德底线，再富裕的物质生活，也难免"金玉其外，败絮其中"。因此，必须重视培养理想信念，树立主流价值，全面发挥经济、政治、文化、社会等各方面政策在引领主流价值方面的导向作用。

（五）要使中华优秀传统文化成为涵养社会主义核心价值观的重要源泉

中华优秀传统文化，积淀着中华民族的精神追求，包含着中华民族的精神基因，是社会主义核心价值观的深厚源泉。就像习近平在中共中央政治局第13次集体学习时所提出的——培养和弘扬社会主义核心价值观必须基于中华优秀传统文化。坚实的社会主义核心价值观，有其特有的本质属性。扬弃传统，丢掉本质，就相当于扼死了自己的精神命脉。源远流长的中华优秀传统文化是我们在世界文化激荡中站稳脚跟的根基。中华文化源远流长，蕴含着中华民族最深邃的精神追求，代表着中华民族独一无二的精神旗帜，为中华民族生生不息、发展壮大供应了丰厚滋养。中华传统美德是中华文化精髓，富含着丰富的思想道德资源。不忘初心才能开创未来，善于继承才能更好革新。对历史文化尤其是先人传承下来的价值理念和道德规范，要善于古为今用、推陈出新，有区别地加以看待，有扬弃地予以继承，努力用中华民族缔造的一切精神财富来以文化人、以文育人。

培育和践行社会主义核心价值观，就要从中华优秀传统文化中充分汲取古人的思想道德营养，结合时代要求去粗取精、去伪存真。要让中华民族自古以来最基本的文化基因与新时代的文化相适应、与现代社会相协调，让社会主义核心价值体系之根深深扎入中华优秀传统文化沃土。习近平曾指出：要明白中华优秀传统文化的历史渊源、发展脉络、基本走向，讲清楚中华文化的独特创造、价值理念、鲜明特色，以增强文化自信和价值观自信。要专注吸收中华优秀传统文化的思想精华和道德精髓，大力弘扬以爱国主义为核心的民族精神和以改革创新为核心的时代精神，深入挖掘和阐发中华优秀传统文化讲仁爱、重民本、守诚信、崇正义、尚和合、求大同的时代价值，让中华优秀传统文化成为涵养社会主义核心价值观的重要源泉。要处理好继承和创造性发展的关系，特别是做好中华优秀传统文化的创造性转化和创新性发展。

通过文化传承来以文化人、以文育人，既要有内容，还要有载体，不仅要有文化活动，还要有文化产品。要普遍开展中华优秀传统文化的宣传普及活动，在国民教育中添加优秀传统文化内容，更好地利用中华优秀传统文化来滋养人们的心灵、陶冶道德情操。现在，一些地方开展的经典诵读、道德论坛、文化讲堂等活动，以及利用传统节日举办的民间民俗活动，都是弘扬传统文化的好形式、好载体，最近几年来开展的"我们的节日"活动已成为传承中华文化、建设精神文明的一个标志，这些都要在总结经验的基础上继续抓好根本。要不断深入实施中华文化传承工程，围绕以反映中华民族历史尤其是近现代史、党史、国史，围绕实现中华民族伟大复兴的中国梦，拟定工程规划，加强重点扶持，推出一系列弘扬爱国主义、集体主义、社会主义思想和当代中国价值观念的文化产品。这里还要重视的是，所有精神文化产品都应当有一股精气神，通过它们来培育人们形成正确的历史观、民族观、国家观、文化观，增强做中国人的骨气和底气。

中华文化源远流长，博大精深，它不仅凝聚着中华民族最深层的精神追求，代表着中华民族独特的精神标识，而且为中华民族的发展壮大提供了丰厚资源。中华文化绵延数千年，它已经深深融入中国人的血脉中、骨子里，构成了中国人的优秀文化基因。习近平高度重视中华优秀传统文化，将这一重要思想作为治国理政的方针，并作了一系列精彩论断。早在2012年12月考察广东时，习总书记就指出，传统文化是我们的根基和源泉，我们要取其精华，弃其糟粕，要把中华传统文化很好地传承和弘扬下去，传统文化是我们民族的"根"和"魂"，不能丢了这个根基。国家的发展和民族的振兴离不开优秀文化的传承和弘扬，"源泉论"与"根魂论"是中华民族一脉相承的重要思想。"根魂论"注重阐发优秀传统文化的历史地位，"源泉论"则重在揭示优秀传统文化的时代价值。

为中华优秀传统文化所涵养的社会主义核心价值观，是文化的渊源和民族的文魄，它使文化自信和价值观自信得以树立。以中华优秀传统文化涵养社会主义核心价值观，它的目的在于明确文化渊源和民族文魄。同时，增强文化自信和价值观自信，这是走好"中国道路"的需要，也是讲好"中国故事"的需要。推进中华优秀传统文化的创造性转化和创新性发展，需要充分发掘中华优秀传统文化的现代价值，从而实现中华优秀传统文化的创新性转化和创造性发展。因为继承传统不是要简单地回到传统，而是要使时代精神和传统文化相融合，培养出有中国特色社会主义的文化新苗，使其成为实现民族复兴的精神支柱和价值支撑。在日新月异的时代背景下，必须深入挖掘和阐发优秀传统文化中的思想精髓和道德精华，使中华优秀传统文化成为涵养社会主义核心价值观的重要源泉。

（六）要使社会主义核心价值观成为人们的情感认同、行为习惯和基本遵循

2017年10月18日，习近平在十九大报告中指出："培育和践行社会主义核心价值观。……把社会主义核心价值观融入社会发展各方面，转化为人们的情感认同和行为习惯。"[①]情感在人类道德生活中扮演着极其重

[①] 习近平：《决胜全面建成小康社会 夺取新时代中国特色社会主义伟大胜利——在中国共产党第十九次全国代表大会上的报告》，《人民日报》2017年10月18日。

要、复杂的角色，情感认同在道德动机中的作用不言而喻。因此道德观须以价值观为鉴，着力把核心价值观转化为人们的情感认同。促进核心价值观由他律遵循升华为自觉践履，真正实现社会主义核心价值观的内化于心、外化于行。

情感认同是社会主义核心价值观的一种体现。它不仅能够提升核心价值观的感召力和增进核心价值观的亲近感，而且是核心价值观入脑入心的关键。我们要让人们真切地领会社会主义核心价值观从国家、社会、个人三个层面所蕴含的"人之情理，德之心性"，要让社会主义核心价值观扎根于个体现实生活的道德土壤，精准而真切地反映人们的价值诉求，将社会主义核心价值观真正地内化于心、外化于行，真正提升情感认同对核心价值观的感召力。别林斯基认为"感情是先于知识的，谁没有道德的感情谁就不懂得道德"。情感认同不仅让社会主义核心价值观成为现代文明的主流价值或者说是普遍诉求，为我们的现代生活提供了价值框架，而且强化了社会主义核心价值观的凝聚力，对社会主义核心价值观的自觉践履产生重大意义。社会主义核心价值观直接关系到国家的前途和命运，它是引领我国社会发展前进的方向和动力。社会主义核心价值观摒弃"各人自扫门前雪，休管他人瓦上霜"的冷漠意识，树立"家事、国事、天下事，事事关心"的参与意识，以"修身、齐家、治国、平天下"的宏大视野投身于中国蓬勃发展的历史洪流之中。

社会的繁荣离不开价值标准，国家的强大离不开精神力量，民族要想屹立于世界之林离不开精神支柱，我们要把社会主义核心价值观变成人们的一种行为习惯，人文精神的现实载体则是它的内容，我们要把这种精神一直发扬下去。在新时代的中国，这个价值标准、精神力量、精神支柱就是社会主义核心价值观。我国一直遵循平等、公正的价值取向，春秋战国时期就有各种价值观取向的认识，诸子百家有"公者必正""义者正也""正者义之要""公者万事平"等论述，但也不乏现代文明所能汲取之处。"大道之行也，天下为公""道千乘之国，敬事而信，节用而爱人，使民以时""道不拾遗，夜不闭户"是"富强、民主、文明、和谐"的美好愿景，我们所要认识到的公平正义不仅关乎个体美德，更是社会制度的首要美德，只有从各个方面积极探索，才能做到真正的天下为公。"天下兴亡，匹夫有责""功崇惟志，业广惟勤""诚者，天之道也；思诚者，人之道也"都是"爱国、敬业、诚信、友善"价值准则的真实写照，现在我们也一直传承并推崇着古代"仁者爱人""不忍人之心""己所不欲勿施于人"的思想观念和价值原则。

在实践中，我们应该积极地把社会主义核心价值观与民族精神相结合，高扬爱国主义旗帜，宣扬爱国主义精神。坚持把爱国主义教育贯穿于国民教育和精神文明建设全过程，大力弘扬焦裕禄精神、红旗渠精神等，加强爱国主义教育基地建设，开展"重走长征路"等教育活动。积极推动学雷锋志愿服务常态化，广泛开展群众性精神文明创建活动，引导人们在实践中深化对社会主义核心价值观的理解。要按照社会主义核心价值观的基本要求，健全各项规章制度，完善学生守则等行为准则，增强人们的认同感和归属感，这样才能使社会主义核心价值观成为人们日常工作生活的基本遵循。

（七）让社会主义核心价值观成为民众的行动指南

对于拥有13亿多人口的中国来说，最持久、最深层的力量，是全社

社会主义核心价值体系的精神引领

会的共同信仰，也就是要充分认识被人民认可的社会主义核心价值观。社会主义核心价值观——富强、民主、文明、和谐，自由、平等、公正、法治，爱国、敬业、诚信、友善，分别从国家、社会、个人三个层面提出，生动表达了人民的理想信念，同时也成为所有中华儿女的行动指南。

社会主义核心价值观正在潜移默化地影响着广大人民群众，促使所有人努力向社会主义核心价值观靠拢，努力使自己的行为符合社会主义核心价值观的规范，符合社会主义核心价值观的要求。社会主义核心价值观是社会主义中国的精神支柱，这种精神是一种理想、一种信仰，也是一种凝聚力和向心力，是中华民族几千年优秀传统文化的结晶，是人类文明的伟大成果。

社会主义核心价值观体现在方方面面，是一种崇高的精神，给人以力量和动力。社会主义核心价值观作为新时代全国最广大人民群众的行动指南，指引人们勇往直前，为全面建设小康社会的宏伟目标、为新时代国家的繁荣昌盛而努力奋斗。社会主义核心价值观成为维系中国社会繁荣昌盛的精神纽带。全党全国人民都要努力学习、躬身实践，以社会主义核心价值观作为行动指南，引领大家用满腔热血、才华和成就，不断谱写新时代中国特色社会主义建设的新篇章，共同推进我们的伟大事业，让中华民族恒久屹立于世界民族之林。

社会主义核心价值观要内化于心、外化于行。内化于心在于宣传引路。思想是行动的指南，什么样的思想决定着什么样的行为。要使社会主义核心价值观成为民众的行动指南，就要在潜移默化中真正地把社会主义核心价值观内化于人民的心中，使他们坚定价值观念，坚守道德底线，讲仁爱、重民本、守诚信、崇正义、尚和合、求大同，使社会主义核心价值观成为人们共同的价值追求。外化于行需要典型示范，榜样的力量是无穷的。宣传身边好人的道德故事，用他们的事迹熏陶人、感染人。与此同时，注重"以文化人、以文育人"。社会主义核心价值观要成为全社会共同的行动指南，必须想方设法树立和培育全社会的共同理想信念和价值遵循，教育广大人民群众在学习和工作中，紧密联系自己的思想实际，对照社会主义核心价值观的要求，净化自己的意识，改变自己的作风，纠正自己的行动，为实现中国梦而不懈奋斗。

总之，要把人们的情感认同、行为习惯和基本遵循积极地融入践行社会主义核心价值观中去，不断提高人们各方面的知识和素养。人民是推动社会前行的强大力量，只有每个人多一些担当，尽一份心力，积极地参与到国家建设中来，才能把新时代的中国推向更加美好的未来，才能早日实现国家富强、民族兴旺的中国梦。

第六章
不断增强意识形态领域主导权和话语权

　　意识形态与社会主义核心价值体系关系密切，十七大报告提出"社会主义核心价值体系是社会主义意识形态的本质体现"，这是对二者内在关系的初步定位。十八大报告将意识形态工作作为加强社会主义核心价值体系建设的重要内容，提出要"牢牢掌握意识形态工作领导权和主动权，坚持正确导向，提高引导能力，壮大主流思想舆论"。十九大报告在阐述文化建设时，重申"牢牢掌握意识形态工作领导权"，强调"意识形态决定文化前进方向和发展道路"，提出"建设具有强大凝聚力和引领力的社会主义意识形态，使全体人民在理想信念、价值理念、道德观念上紧紧团结在一起"，"落实意识形态工作责任制，加强阵地建设和管理"。十九大将"坚持社会主义核心价值体系"提升到我们党在新时代坚持和发展中国特色社会主义的基本方略的重要地位，其中还明确提出要"不断增强意识形态领域主导权和话语权"。社会主义核心价值体系是社会主义思想文化、意识形态、道德规范的综合体和精华体，社会主义意识形态是社会主义核心价值体系的向导，不断增强意识形态领域的主导权和话语权是推进社会主义核心价值体系建设的关键一环。

第六章 不断增强意识形态领域主导权和话语权

一、意识形态概述

（一）意识形态的内涵

意识形态，是指一种文化、思想、观念。国家的意识形态，集中反映了社会的经济基础和思想特征。一个国家的意识形态是复杂的、多维的，既有反映该国家当下政治经济制度的意识形态，也有反映过去政治经济制度的意识形态，还有反映孕育着的政治经济制度的意识形态。

随着科技发展，人类进入互联网时代并向人工智能时代发展，社会经济的发展与科技力量紧密结合。互联网经济飞速发展，也表现出经济基础决定意识形态的新时代特征。全球治理思维下的人类命运共同体，新时代习近平中国特色社会主义思想，这些都是意识形态领域的表现成果。习近平在十九大报告中指出："必须坚持马克思主义，牢固树立共产主义远大理想和中国特色社会主义共同理想，培育和践行社会主义核心价值观，不断增强意识形态领域主导权和话语权。"[1]习近平的重要论述，为意识形态工作的建设与发展指明了方向。

（二）强化意识形态工作的紧迫性和必要性

习近平曾经指出："意识形态工作是党的一项极端重要的工作。"新时代，我们必须用马克思主义引领各种社会思潮，增强意识形态主导权和话语权，这项工作具有十分强烈的紧迫性和必要性。随着人工智能时代的

---

[1] 习近平：《决胜全面建成小康社会 夺取新时代中国特色社会主义伟大胜利——在中国共产党第十九次全国代表大会上的报告》，《人民日报》2017年10月18日。

发展，科技思维的日益增长，国际上各种思潮、流派风生水起，社会思潮呈现多元化，一些思潮呈现出更新换代、不断升级的特点，从自由主义思潮、亚当·斯密的古典经济学到凯恩斯主义、普世价值、宪政民主、公民社会等，对人们的心理和认知产生了强烈的影响和冲击。只有把意识形态工作的领导权和话语权牢牢掌握在手中，才能主动发声影响社会思想，才能在多元思想碰撞中掌握主导权，才能巩固马克思主义在意识形态领域的指导地位，这些都具有十分强烈的紧迫感和必要性。我们只有不断增强意识形态主导权和话语权，才能战胜各种反马克思主义、非马克思主义、西化、分化的错误和反动思潮。我们必须把意识形态工作当作一项极端重要的工作来抓。当前，面对西方和平演变的野心、各种错误思潮的冲击、各种矛盾的激化，我们必须牢固树立意识形态工作极端重要的理念，抓牢、抓实、抓深、抓强意识形态工作，不断增进人民群众对中国特色社会主义、对中国共产党领导的广泛认同，巩固和夯实党执政的思想政治基础。

从国际上看，近代中国发展落后于世界，在国际上几乎没有话语权。中华人民共和国成立初期，我国经济、政治、文化还处于落后状况，在国际上话语权也不多。改革开放初期，中国特色社会主义制度还不够完善，经济社会发展还相对滞后，在国际上的声音仍然较弱。今天，在中国共产党的领导下，我们取得了举世瞩目的成就，中华民族实现了历史性飞跃，正日益走近世界舞台的中央，理应拥有更大的话语权。然而，西方资本主义国家出于维护自身利益的需要，反对社会主义意识形态，企图牢牢掌控世界话语权，为资本主义在全球扩张和巩固其霸权地位提供文化依据。因此，我们要讲好中国故事，让世界了解中国、熟悉中国，用中国特色社会主义伟大实践和伟大成就，去揭露和反击西方国家背后的政治意图。

第六章　不断增强意识形态领域主导权和话语权

从国内看，随着社会环境和现实条件的深刻变化，人们的价值观念多元、多样、多变，各种社会思潮此起彼伏。实现国家富强、民族振兴、人民幸福的伟大复兴中国梦也面临各种挑战，这些都需要我们认真面对。意识形态领域多元思想的存在具有长期性与复杂性，我们应该增强意识形态领域工作的主动性，增强紧迫感，应对面临的风险和挑战。因此，必须不断加强马克思主义对意识形态工作的领导，把意识形态工作的领导权牢牢掌握在手中，以社会主义核心价值体系引领百花齐放，增强政治定力，真正做到因势而谋、应势而动、顺势而为。

增强意识形态主导权和话语权具有紧迫性和必要性，这也是进行伟大斗争、建设伟大工程、推进伟大事业、实现伟大梦想的必然要求。精诚团结才能成就梦想，我们党领导人民推进伟大事业、实现伟大梦想，迫切需要把广大党员干部、各族群众的思想统一起来，把13亿人民的智慧和力量凝聚起来，从而进行伟大斗争，建设伟大工程。我们只有在意识形态领域保持比以往时期更加强烈的紧迫感和使命感，以永不懈怠的精神状态和一往无前的奋斗姿态，坚持马克思主义，充分发挥意识形态和社会主义核心价值体系的精神引领作用，才能让全党全国人民团结一致，坚定信念，聚合力量，万众一心，最终胜利抵达光辉的彼岸。

（三）近年来党强化意识形态建设的重大部署

习近平在党的十九大报告中指出，"意识形态决定文化前进方向和发展道路"，要"牢牢掌握意识形态工作领导权"。[①]习近平在全国宣传思

[①] 习近平：《决胜全面建成小康社会　夺取新时代中国特色社会主义伟大胜利——在中国共产党第十九次全国代表大会上的报告》，《人民日报》2017年10月18日。

社会主义核心价值体系的精神引领

想工作会议上的重要讲话中强调，意识形态工作是党的一项极端重要的工作，做好意识形态工作必须守土有责、守土负责、守土尽责。近年来，党中央高度重视意识形态工作，通过各种形式努力增强意识形态领域的主导权和话语权。

首先，坚决捍卫党的基本路线，旗帜鲜明地反对和打击任何挑战我们党、国家、军队的言行举止。这一点在十八届六中全会通过的《关于新形势下党内政治生活的若干准则》可以看出："全党必须坚决捍卫党的基本路线，对否定党的领导、否定我国社会主义制度、否定改革开放的言行，对歪曲、丑化、否定中国特色社会主义的言行，对歪曲、丑化、否定党的历史、中华人民共和国历史、人民军队历史的言行，对歪曲、丑化、否定党的领袖和英雄模范的言行，对一切违背、歪曲、否定党的基本路线的言行，必须旗帜鲜明反对和抵制。"[①]比如，一些人利用互联网等传播平台，别有用心地恶意歪曲、丑化、否定党的领袖和英雄模范，严重破坏党的领袖和英雄模范的形象，试图从根本上颠覆广大人民群众的基本政治认同、基本历史共识和基本价值取向，以达到其不可告人的目的。对此，我们的宣传部门联合公安部门对这些错误言论给予了严厉的打击，弘扬了主流思想意识。党中央针对互联网上存在的种种意识形态问题，专门成立了由习近平任组长的中央网络安全和信息化领导小组。党的十八大以来，党针对我国意识形态领域的实际情况，特别是突出问题，有针对性地开展了意识形态工作，设立了"国家网络安全宣传周"，即"中国国家网络安全宣传周"，主要就是为了"共建网络安全，共享网络文明"，目的就是

[①]《关于新形势下党内政治生活的若干准则》，《人民日报》2016年11月3日。

第六章　不断增强意识形态领域主导权和话语权

为了在互联网领域加大对意识形态的主导权和话语权。在党的建设领域，中央要求广大党员干部不仅不能成为违反中央精神的言行传播者，而且要旗帜鲜明地同这些错误言行作斗争，在纷繁复杂的形势面前始终保持政治上的清醒和坚定，对重大政治原则和大是大非问题，必须旗帜鲜明、态度坚定，不犹豫，不含糊，以坚强的党性维护党的意识形态的主导权和话语权。比如，像河北省原省委书记周本顺那样"在重大问题上发表违背中央精神的言论"的干部，都受到了党纪国法的严惩。正是通过坚决捍卫党的基本路线，旗帜鲜明地反对和打击任何挑战我们党、国家、军队的言行，党在意识形态领域的主导权和话语权才得以不断巩固和加强。

其次，党的新闻宣传工作都为意识形态建设保驾护航，为宣传党的路线、方针、政策添砖加瓦，新闻宣传领域成为增强意识形态领域主导权和话语权的重要阵地。2016年2月，习近平在党的新闻舆论工作座谈会上指出："做好党的新闻舆论工作，事关旗帜和道路，事关贯彻落实党的理论和路线方针政策，事关顺利推进党和国家各项事业，事关全党全国各族人民凝聚力和向心力，事关党和国家前途命运。"[①]由此可见，掌握宣传武器、重视宣传工作对于意识形态建设的重要性。此外，"做好网上舆论工作是一项长期任务，要创新改进网上宣传，运用网络传播规律，弘扬主旋律，激发正能量，大力培育和践行社会主义核心价值观，把握好网上舆论引导的时、度、效，使网络空间清朗起来"[②]。近年来，新闻宣传工作充分认识意识形态工作的重要性，不断加大对广大人民群众的理论宣传

[①]习近平：《在党的新闻舆论工作座谈会上强调：坚持正确方向创新方法手段　提高新闻舆论传播力引导力》，《人民日报》2016年02月20日。

[②]习近平：《在党的新闻舆论工作座谈会上强调：坚持正确方向创新方法手段　提高新闻舆论传播力引导力》，《人民日报》2016年02月20日。

社会主义核心价值体系的精神引领

教育,使党性和人民性的一致性、统一性深入人心,把社会主义核心价值体系融入人们的灵魂深处;并把服务群众同教育、引导群众结合起来,把满足需求同提高素养结合起来,使广大干部群众思想意识同党中央保持高度一致。新闻宣传工作方面不断增强主动性,掌握主动权,打好主动仗,通过大张旗鼓地唱响主旋律,坚守宣传思想文化阵地,同各种非马克思主义的思想作斗争;坚持团结稳定鼓劲、正面宣传为主,不断巩固壮大主流思想舆论,最大限度地压缩了负面消极思想舆论的生存空间;强化了阵地意识,巩固正面舆论,化解消极情绪,抵御不良思想,特别是把网上舆论工作作为重中之重来抓,全力夺取了互联网这个主战场的舆论主导权;加大了主流媒体进军新媒体推进力度,积极探索了互联网舆论管理的新方法新机制;采取了有力的措施,有效地加大了对广大干部群众的宣传教育,加强了思想、文化和舆论领域建设,巩固壮大了主流思想舆论,把握舆论斗争的方向、立场、任务,不断巩固全党全国人民团结奋斗的共同思想基础,牢固地坚守好意识形态阵地,牢牢掌握意识形态工作的领导权、管理权、话语权。

第三,坚决抵制各种不良思潮和错误思想。比如,针对文艺领域存在的历史虚无主义思潮,习近平强调:"文学家、艺术家不可能完全还原历史的真实,但有责任告诉人们真实的历史,告诉人们历史中最有价值的东西。戏弄历史的作品,不仅是对历史的不尊重,而且是对自己创作的不尊重,最终必将被历史戏弄。"①习近平要求必须把意识形态当作前提和前置条件,这是不可轻视的政治觉悟。在哲学社会科学领域,习近平强调:

---

① 习近平:《在中国文联十大、中国作协九大开幕式上的讲话》,新华社,2016年11月30日。

"坚持以马克思主义为指导,是当代中国哲学社会科学区别于其他哲学社会科学的根本标志,必须旗帜鲜明加以坚持。……在我国,不坚持以马克思主义为指导,哲学社会科学就会失去灵魂、迷失方向,最终也不能发挥应有作用。"[①]事实上,我们党不管是在文艺、新闻舆论、互联网、哲学社会科学等重点领域,还是在其他领域,都坚定不移地坚持马克思主义为指导,确保意识形态方面不出现任何偏离。

近年来,我国意识形态工作取得显著成效。意识形态建设力度不断加大,意识形态领域的主导权牢牢掌握在了党的手中,各领域的意识形态作用的发挥在党的引领下不断增强,意识形态领域某些方面曾经存在的被动局面得到根本扭转。

二、意识形态是社会主义核心价值体系的向导

党的十九大报告指出,意识形态决定文化前进方向和发展道路。作为文化建设的重要内容和主要载体,意识形态实际上也决定着社会主义核心价值体系的前进方向和发展道路。可以说,意识形态是社会主义核心价值体系的向导,而这种向导作用主要体现在意识形态工作的基础性作用之中。

其一,有助于巩固马克思主义的指导地位。巩固马克思主义在社会主义核心价值中的指导地位,是新时代中国特色社会主义意识形态工作

[①] 习近平:《在哲学社会科学工作座谈会上的讲话》,《人民日报》2016年5月19日。

社会主义核心价值体系的精神引领

的根本任务。马克思主义是党的理论基础。坚持马克思主义，是党团结带领人民在中国伟大实践中，在新时代中国特色社会主义建设过程中不断取得胜利的一个重要法宝。习近平新时代中国特色社会主义思想，是马克思主义中国化的最新成果，是21世纪的马克思主义，继承和发展了马克思主义、列宁主义、毛泽东思想、邓小平理论、"三个代表"重要思想、科学发展观，成为全党全国人民为实现中华民族伟大复兴而奋斗的行动指南。巩固马克思主义的指导地位，要以习近平新时代中国特色社会主义思想为指引，这也是党的意识形态工作的内核和精髓。习近平在建党95周年大会上指出："指导思想是一个政党的精神旗帜。95年来，中国共产党之所以能够完成近代以来各种政治力量不可能完成的艰巨任务，就在于始终把马克思主义这一科学理论作为自己的行动指南，并坚持在实践中不断丰富和发展马克思主义"，"马克思主义是我们立党立国的根本指导思想。背离或放弃马克思主义，我们党就会失去灵魂、迷失方向。在坚持马克思主义指导地位这一根本问题上，我们必须坚定不移，任何时候任何情况下都不能有丝毫动摇"。①巩固马克思主义的指导地位，关键是要树立马克思主义和共产主义信仰，要坚持习近平新时代中国特色社会主义思想。在新时代特别是人工智能时代的今天，在世界科技发展突飞猛进的同时，各种令人眼花缭乱的多元化思潮、多样化思想也越加凸显，导致意识形态领域更加纷繁复杂，新形势下巩固马克思主义在意识形态领域指导地位的任务显得更为艰巨，其中最关键的就是如何牢固树立马克思主义和共产主义信仰，而当下最紧要的就是

---

① 习近平：《在庆祝中国共产党成立95周年大会上的讲话》，《人民日报》2016年7月1日。

第六章　不断增强意识形态领域主导权和话语权

坚持习近平新时代中国特色社会主义思想。习近平新时代中国特色社会主义思想立足新时代的特征和人类历史社会发展的方向，根据经济、文化、科技及意识形态发展的新特征，不断创新和发展治国理政的思路，对于武装全党、教育全国人民具有极为重要的思想引领作用，因此，在新时代的今天，坚持习近平新时代中国特色社会主义思想，就能使人们更加牢固树立马克思主义和共产主义信仰，真正巩固马克思主义在意识形态领域的指导地位。巩固马克思主义的指导地位，要进行马克思主义中国化的教育，讲好中国故事，讲好习近平新时代中国特色社会主义思想。在全国范围的学校、机关、事业单位，教育青年学生和党员干部深入学习习近平新时代中国特色社会主义思想，巩固马克思主义在意识形态领域的指导地位，在实现中华民族伟大复兴中国梦的伟大实践中统筹推进"五位一体"总体布局和协调推进"四个全面"战略布局。

其二，有助于巩固全党全国人民团结奋斗的共同思想基础。党的十八大以来，习近平多次强调："理想信念就是共产党人精神上的'钙'，没有理想信念，理想信念不坚定，精神上就会'缺钙'，就会得'软骨病'。"[1]实现中华民族的伟大复兴，是新时代全党和全国人民团结奋斗的共同思想基础。要实现中华民族伟大复兴，实现中国梦，首先要坚持马克思主义，坚持中国共产党领导，走中国特色社会主义道路，树立社会主义核心价值观，让全党全国人民以实际行动践行社会主义核心价值观。民族的复兴离不开价值追求的指引，推进"四个全面"战略布局需要社会主义核心价值观正确的价值导向，实现"两个一百

---

[1] 习近平：《紧紧围绕坚持和发展中国特色社会主义　学习宣传贯彻党的十八大精神——在十八届中共中央政治局第一次集体学习时的讲话》，新华社，2012年11月18日。

社会主义核心价值体系的精神引领

年"奋斗目标需要全党全国人民团结奋斗的共同思想基础。只有在社会主义核心价值观正确的思想引领下,才能为实现中华民族伟大复兴中国梦凝聚强大的精神动力。培育和弘扬社会主义核心价值观,开展党的群众路线教育实践活动、"三严三实"专题教育、"两学一做"学习教育,都是为了牢固树立共同的理想信念。而那些乡规民约、行业规范等都要求全民行动、人人参与,目的也是为了形成共同的思想基础和价值判断。党和人民的团结奋进,离不开全党全国人民团结奋斗的共同思想基础。自由、民主、人权是人类共同的追求,我国宪法以国家根本法的形式,确认了实现理想的基本方法和途径。巩固全党全国人民团结奋斗的共同思想基础,首先要坚持马克思主义,坚持以人民为中心,坚持改革开放,依靠党和人民的坚强团结,在中国共产党领导下,建设中国特色社会主义,实现中华民族的伟大复兴。同时还必须坚持中国道路,要弘扬中国精神,激发中国力量,意识形态领域必须发挥思想引领、舆论推动、精神激励和文化支撑的重要作用。此外,还要发挥新闻舆论工作者的职能职责,新闻工作者身处前沿阵地,新闻媒体使命在肩。文艺是前进的号角,为民族聚气,为事业聚力。广大文艺工作者要坚持以人民为中心的创作导向,引导人们求真、崇善、向美。一批国产电影叫好又叫座,质量上乘的现象级大剧明显增多,重大主题出版浓墨重彩、形成声势,原创节目有力传播优秀中华传统文化。这些嘹亮的主旋律、强劲的正能量,涌动在诵读的章句、传唱的旋律中,融入日常的交谈、网络的留言里,潜移默化地提振着全社会的精气神,有力又有效地巩固了全党全国人民团结奋斗的共同思想基础。

三、如何不断增强意识形态领域的主导权和话语权

习近平新时代中国特色社会主义思想,是马克思主义中国化的最新成果,也是意识形态领域的指导思想。实现"两个巩固"(巩固马克思主义在意识形态领域的指导地位,巩固全党全国人民团结奋斗的共同思想基础)是新时代意识形态工作的根本任务,它为做好意识形态工作指明了方向,确立了原则,提供了遵循。

(一)构建贯彻社会主义核心价值体系的意识形态话语体系

社会主义核心价值观话语体系是习近平新时代中国特色社会主义思想理论体系和知识体系外在的表达形式。社会主义核心价值观是对马列主义、毛泽东思想、邓小平理论、"三个代表"重要思想、科学发展观等重大思想的"传承、吸纳、借鉴、创造"。

首先,增强意识形态领域主导权和话语权,必须构建贯彻社会主义核心价值体系的意识形态话语体系,要着眼于社会主义核心价值观的话语体系的国际表达,社会主义核心价值观话语体系创新,要做到"中国立场、国际表达"。要着眼于社会主义核心价值观话语体系的国际话语权,渲染对外的传播力、吸引力、感染力、影响力。其次,社会主义核心价值观话语体系的构建,要扎实推进社会主义核心价值观理论研究和社会主义核心价值观的教育工程,用习近平新时代中国特色社会主义思想成果诠释社会主义的本质规定和价值追求。再次,社会主义核心价值观话语体系的构建,要对中华传统文化凝聚的价值有所继承和弘扬,吸纳哲学、社会科学、经济学等学科新的直接反映社会发展变化的概念和话语。最后,社会

主义核心价值观话语体系的构建，要通过网络媒介宣传，以感人的故事不断增强民众的道路自信、理论自信、制度自信、文化自信。

构建贯彻社会主义核心价值体系的意识形态话语体系，是适应新时代中国特色社会主义伟大实践的使命，也是适应中华民族伟大复兴的使命，更是筑牢思想防线和提升中国话语权、主导权的前提。构建贯彻社会主义核心价值体系的意识形态话语体系，能够最大限度地凝聚社会共识，为新时代中国特色社会主义发展提供持续的精神动力。

（二）把握各类宣传渠道和现代传媒的传播规律和思想阵地

增强意识形态领域主导权和话语权，必须把握各类宣传渠道和现代传媒的传播规律和思想阵地。首先，要抢占新的舆论阵地。从中央到全国各地，党员干部、广大新闻媒体工作者、地方宣传工作人员都在传播党的政策，要讲好好人好事、先进典型和感人事迹，把社会主义意识形态渗透到精神文化产品创作生产之中，写进群众的心里。其次，要抢占意识形态传播的技术高地。党报党刊、通讯社、电台、电视台等借助新媒体传播优势，融合发展、深入推进，大力发展网络媒体、手机媒体、流动媒体等新兴媒体，加强各类新平台终端建设。再次，要把握各类宣传渠道和现代传媒的传播规律和思想阵地，积极占领新兴舆论阵地，要强化网络新技术、新应用管控，规范网络传播秩序，引导网民理性参与互联网内容建设，加大对网络谣言等有害信息的整治力度，培育健康向上的网络舆论生态。

（三）围绕理想信念增强主流意识形态的凝聚力和吸引力

增强意识形态领域的主导权和话语权，必须围绕理想信念增强主流意识形态的凝聚力和吸引力。"坚定理想信念,坚守共产党人的精神追求,始终是共产党人的政治灵魂,是共产党人经受住任何考验的精神支柱。"①"革命理想高于天",建设富强、民主、文明、和谐的中国特色社会主义现代化国家是中国人民的共同理想。

围绕理想信念增强社会主义意识形态的吸引力和凝聚力,要坚持以人民为中心,还要把握政治方向,始终围绕"两个巩固",坚定"四个自信",用党的理论创新成果指导意识形态工作。要倡导符合社会主义意识形态的价值取向,把社会主义核心价值观的要求体现到制度设计、政策法规制定和社会管理之中。此外,还要把握舆论导向,把社会主义意识形态渗透到精神文化产品创作生产之中。紧密围绕社会主义核心价值观,团结和凝聚全体人民,共同唱响社会主义意识形态的主旋律。

(四)在坚持"中国理论"自信和创新的统一中强化意识形态生命力

增强意识形态领域主导权和话语权,必须在坚持"中国理论"自信和创新的统一中强化意识形态生命力。习近平指出:"我们这一代共产党人的任务,就是继续把这篇大文章写下去。"十八大以来,习近平围绕治国理政提出了五位一体总体布局、国家治理能力和治理体系现代化、"四个全面"战略布局、五大发展理念、中华民族伟大复兴、中国梦、全面建成小康社会等一系列新论断、新观点、新思想,进一步丰富和发展了马克思主义,进一步深化了中国特色社会主义理论,让党的执政理论和执政话语更加体系化、具体化。这一过程,是坚持"中国理论"自信和创新相统一

---

① 习近平:《紧紧围绕坚持和发展中国特色社会主义 学习宣传贯彻党的十八大精神——在十八届中共中央政治局第一次集体学习时的讲话》,新华社,2012年11月18日。

的过程，强化了意识形态生命力，增强了中国特色社会主义的生命力，有效地增强了意识形态领域的主导权和话语权。

（五）在与错误思潮的舆论斗争中强化意识形态阵地意识

增强意识形态领域主导权和话语权，必须在与错误思潮的舆论斗争中强化意识形态阵地意识。习近平指出："以正确的立场、观点、方法对待党的历史，是巩固党的执政地位、实现党的执政使命的必然要求，是应对意识形态领域挑战，抵制西方敌对势力西化、分化图谋的必然要求，是开创党和国家事业发展新局面的必然要求，关系党和国家长治久安，关系我国社会主义前途命运。"①"我们的方向就是不断推动社会主义制度自我完善和发展，而不是对社会主义制度改弦易张。""我们的改革开放是有方向、有立场、有原则的。"

在事关坚持马克思主义为指导地位的原则问题上，我们必须增强意识形态工作的主动性，掌握意识形态话语权和主导权，打好意识形态领域的主动仗，旗帜鲜明地反对非马克思、反马克思等各种错误思潮。要通过建设社会主义核心价值体系，深刻认识错误社会思潮的危害性质，主动有效地利用网络媒介对错误社会思潮进行批判，在批判中增强和巩固马克思主义的地位和话语权。习近平指出："马克思主义就是我们共产党人的'真经'，'真经'没念好，总想着'西天取经'，就要贻误大事！"②因此，习近平多次强调，坚持以马克思主义为指导，首先要解决真懂真信

---

①习近平：《在全国党史工作会议上的讲话》（摘要），《中共党史研究》2010年第8期。
②习近平：《在全国宣传思想工作会议上强调胸怀大局把握大势着眼大事　努力把宣传思想工作做得更好》，《党建》2013年第9期。

第六章　不断增强意识形态领域主导权和话语权

的问题。只有真正弄懂了马克思主义，才能更好识别、抵御各种错误思潮的误导，才能把马克思主义的立场、观点、方法更好地运用到实际工作中去。

（六）以弘扬主旋律的方针巩固壮大主流思想舆论

增强意识形态领域主导权和话语权，必须以弘扬主旋律的方针巩固壮大主流思想舆论。一是要把握正确政治方向，要坚持以习近平新时代中国特色社会主义思想为指导，坚决维护中央权威。二是遵循坚持正面宣传为主的重要方针。增强谋划引领、驾驭管控、创新发展的能力；不断增强科学决策、统筹协调、执行推动的能力。三是要创新正面报道形式方法，把握好报道的"时""效"，加强成就宣传与典型宣传等。四是要加大中国梦等重大主题宣传力度。五是要大力倡导社会主义核心价值体系。六是要积极传播社会主义先进文化，不断巩固和壮大主流思想舆论。只有弘扬主旋律，传播正能量，才能激发全社会团结奋进的力量，才能为实现"两个一百年"目标提供"精神动力"。

（七）通过构建对外话语体系来讲好中国故事

增强意识形态领域主导权和话语权，必须构建对外话语体系，讲好中国故事。2016年2月，习近平在主持召开党的新闻舆论工作座谈会时强调："要加强国际传播能力建设，增强国际话语权，集中讲好中国故事，同时优化战略布局，着力打造具有较强国际影响力的外宣旗舰媒体。"[①]

[①] 习近平：《坚持正确方向创新方法手段　提高新闻舆论传播力引导力》，新华社，2016年2月19日。

| 社会主义核心价值体系的精神引领

　　这就需要制定一套中国方案，它是构建对外话语体系的重要法宝。比如，人类命运共同体这一崭新理念和科学论断，就为解决当前一系列国际问题提出了具有中国特色的方案。中国方案主要包括携手合作、持久和平、共同繁荣、开放包容。

　　一方面，要与世界各国携手合作，这充分体现中国将自身发展与世界发展相统一的全球视野、世界胸怀和大国担当。在国际交往中，中国在政治、经济、文化方面不断崛起，与此同时，我国并没有相应地在全球建立起与之相匹配的国际话语体系，不少国家不十分了解中国，在经济、安全等领域，全球合作面临困难。崛起的中国怎样走出国门，让世界理解中国，携手合作共建未来，成为一个极为重要的课题。让世界理解中国，要讲好中国故事，充分发挥中华传统文化软实力。优秀传统文化是构建人类命运共同体可资利用的丰厚资源。我们应当融会贯通中外优秀的思想文化和智慧，讲好具有鲜明的中国特色又蕴含全人类共同价值的中国故事，通过各种渠道、途径和方式大力弘扬，不断创造有利于携手合作的国际话语体系。另一方面，要持久和平、共同繁荣。要用中国话语解释中国方案、解读人类命运共同体，让世界知晓人类命运共同体。中国方案的提出旨在倡导世界和平，目的是实现全人类共同利益。因此，我们必须讲好中国故事，推行中国方案，打破西方国家对中国的误读，让世界各国正确认识、逐步树立人类命运共同体的理念，真正实现世界持久和平、共同繁荣，切实增强中国在意识形态领域的主导权和话语权。

第七章
继承和发展"三种文化"

文化是一个国家和民族的血脉和灵魂,国家与民族的强盛需要优秀的文化来支撑。习近平在庆祝建党95周年大会上的重要讲话中指出,"全党要坚定道路自信、理论自信、制度自信、文化自信",并专门针对文化自信进一步强调:"文化自信,是更基础、更广泛、更深厚的自信。在五千多年文明发展中孕育的中华优秀传统文化,在党和人民伟大斗争中孕育的革命文化和社会主义先进文化,积淀着中华民族最深层的精神追求,代表着中华民族独特的精神标识。"①坚持社会主义核心价值体系,要"推动对中华优秀传统文化进行创造性转化、创新性发展,继承革命文化,发展社会主义先进文化"②。中华优秀传统文化、革命文化和社会主义先进文化是社会主义核心价值体系的源泉,是凝聚中国精神、中国价值、中国力量,提振全国各族人民精气神的前提保证。

---

① 习近平:《在布鲁日欧洲学院的演讲》,《人民日报》2014年4月2日。
② 习近平:《决胜全面建成小康社会 夺取新时代中国特色社会主义伟大胜利——在中国共产党第十九次全国代表大会上的报告》,《人民日报》2017年10月18日。

一、"三种文化"概述

(一) 中华优秀传统文化的内涵

中华优秀传统文化是以天人合一的和谐精神、自强不息的进取精神、民为邦本的民本思想、止于至善的崇高追求等为重要内涵的文化。它经过千百年的锤炼,形成了中华民族特有的信仰追求和价值取向,已浸润于每个中国人心中,成为百姓日用而不觉的价值观,展示了中华民族的气节和气魄,增强了中华民族的骨气和底气。

中华传统优秀文化博大精深、源远流长,其丰富内涵贯穿于承载历史文化的古籍、古迹、古物之中,传承于中华文明的各个方面。《论语》《史记》《资治通鉴》《千家诗》《孙子兵法》《千字文》等丰富多彩的古籍篇章及其蕴涵的无比璀璨的优秀历史文化,是我们最为深厚、最为独特、最有价值的文化软实力。正如习近平在比利时布鲁日欧洲学院演讲时所指出的:"2000多年前,中国就出现了诸子百家的盛况,……提出了博大精深的思想体系。"[1]中华优秀传统文化内容丰富,它蕴含的精华和核心思想是中华民族和中华文化遗产中最为宝贵的文化财富。《礼记·大学》指出:"大学之道,在明明德,在亲民,在止于至善。"孔子提倡"以民为本",行"仁政",特别突出地强调德治的重要。他倡导以德治国,要求世人追求讲仁爱、重民本、守诚信、崇正义、尚和合、求大同、止至善的道德生活,又倡导爱人如己、厚德载物的博大胸怀。中华民族世世代代形成和积累的优秀传

---

[1] 习近平:《在布鲁日欧洲学院的演讲》,《人民日报》2014年4月2日。

统文化,无疑都是社会主义文化繁荣昌盛的基础要素。

中华优秀传统文化是中华民族的"根"和"魂"。中国历史文化源远流长、博大精深,积淀着中华民族最深层次的精神追求,包含着中华民族最根本的精神基因,代表着中华民族最独特的精神标识,深刻影响着我国文化的未来发展,是社会主义先进文化不可隔断的根脉。增强文化自信,就要加强对中华优秀传统文化的挖掘和开发,对其中至今仍有借鉴价值的内容和形式加以改造,赋予其新的内涵和表达方式,增强其影响力和感召力,让中华民族最基本的文化基因与当代文化相适应,与现代社会相协调。①

(二)革命文化的内涵

革命文化是广大人民群众在中国共产党领导下,在实现中华民族的解放与自由、实现中华民族伟大复兴的历史进程中,以马克思列宁主义的科学理论为指导,在中华文化先进文化成果的基础上而生成的红色文化。革命文化是中国革命取得胜利的文化支撑和精神动力,具有鲜明的民族性、科学性、大众性特点。民族性,即革命文化代表着中华民族伟大复兴的正确方向;科学性,即革命文化坚持实事求是的科学精神;大众性,即革命文化代表着人民群众的根本利益与要求。此外,革命文化还具有革命性、实践性、先进性、本土化等特征。它坚决主张中华民族的独立解放,致力于马克思主义与中国具体实际相结合,始终把振兴中华当作自己的神圣使命,来自于并服务于中国人民。

革命文化在党和人民伟大斗争中孕育发展起来,是中国特色社会主义文

---

① 张春美:《社会主义先进文化是当代中国新文化》,东方网,2017年10月8日。

化建设的优质基因,体现了中国共产党人的"三观"。作为对中国传统文化的超越性继承,革命文化是新民主主义革命时期的文化样态,即新民主主义的文化,体现了我们党在灾难深重的近代中国勇于担当的理想信念和精神追求,是中华民族精神在革命年代的主要表现形式,是中国共产党人培育创造并具有独特价值的文化形态。革命文化对于人民大众,无论是争取国家独立还是民族解放,都是有力的思想武器,是激发共产党人内在价值自省的先进文化思想源泉。那种消解红色历史、颠覆英雄人物、亵渎生命传统的历史虚无主义,其实是一种"反文化"行为,是新文化范式所坚决摒弃的。增强文化自信,就要大力弘扬革命文化,彰显时代精神,锤炼民族品格,锻造民族风骨,促进民族自新,为中华民族伟大复兴注入强大精神动力。①

(三)社会主义先进文化的内涵

社会主义先进文化是新中国成立后,伴随着社会主义制度的建立,由新民主主义文化逐步转变而来的。从革命到建设再到改革开放,特别是在建设中国特色社会主义过程中,我们始终保持对文化地位和作用的深度认同,牢固树立对文化发展进步的行为担当。我们党创造性地提出了建设社会主义精神文明的战略任务,确立了"两手抓,两手都要硬"的战略方针。改革开放40年来,中国不仅创造了经济腾飞的奇迹,也创造了精神文明发展的丰硕成果。思想文化的新解放、新创造,为中国社会进步注入了强大动力,彻底改变了中国人的文化面貌。

社会主义先进文化是以马克思主义为指导,以社会主义核心价值观为灵

---

① 黄莉:《大力弘扬"三大文化" 增强文化自信的着力点》,《人民日报》2016年9月19日。

魂，充分展现民族性、科学性、大众性优秀品质的文化。社会主义先进文化具有无可比拟的优越性和先进性，是马克思主义政党精神上的旗帜，为当代中国发展和人类文明进步提供精神动力与智力支持。增强文化自信，就要大力弘扬社会主义先进文化，弘扬社会主义核心价值观，弘扬以爱国主义为核心的民族精神和以改革创新为核心的时代精神，不断提升国民文化意识，提升中华民族整体文化素质，汇聚实现中华民族伟大复兴中国梦的强大精神力量。①

社会主义先进文化以社会主义核心价值观为灵魂，以培育"四有"公民为目标，是"三个面向"的文化，也是当代中国的新文化。在新形势下，弘扬社会主义先进文化，是坚定文化自信、建设社会主义文化强国的题中之意，是推进伟大事业、实现伟大梦想的精神支撑。从历史生成逻辑来看，社会主义先进文化并不是无中生有，也不能一蹴而就，而是中国社会现代转型的文化结晶。它植根于中华优秀传统文化和中国共产党革命文化，形成和发展于我们党团结带领全国各族人民进行革命、建设和改革的伟大实践，是一种适应现代社会历史发展内在要求的新文化范式。②

二、"三种文化"是社会主义核心价值体系的源泉

（一）中华优秀传统文化为社会主义核心价值体系输送文化给养

习近平指出："核心价值观是一个民族赖以维系的精神纽带，是一

---

① 张春美：《社会主义先进文化是当代中国新文化》，东方网，2017年10月8日。
② 黄莉：《大力弘扬"三大文化"增强文化自信的着力点》，《人民日报》2016年9月19日。

社会主义核心价值体系的精神引领

个国家共同的思想道德基础。""优秀传统文化是一个国家、一个民族传承和发展的根本,如果丢掉了,就割断了精神命脉。"[1]五千多年文明历史,五千多年中华传统文化,是中华民族独特的精神标识,是中华民族生生不息的不竭源泉与丰厚滋养。《周易》《诗经》《周礼》《大学》《论语》《尚书》《礼记》等丰富的古籍名篇为社会主义核心价值观的道德体系输送了文化给养。以民为本,以德治国,修身养德,朝耕暮耘,励志勤学,修身齐家治国平天下,这些都是中华民族最基本的文化基因。中国传统文化中固有的具有广泛影响和推动作用的包括社会观念、哲学思想、价值观念等在内的积极的社会意识,即中国传统文化的基本精神,具体包括仁者爱人、民胞物与的博爱意识,天下兴亡、匹夫有责的爱国传统,自强不息、刚健有为的进取精神,奉公尚忠、勤政爱民的济世情怀,贫贱不移、威武不屈的民族气节等方面内容。它们润物细无声,潜移默化地影响着中国人的思维方式,为社会主义核心价值体系源源不断地输送着文化养分,使其成为中国人民的价值追求和行为规范。

中国传统文化的基本精神是建设社会主义核心价值体系的丰厚精神资源。经过创造性转换和创新性发展的中国传统文化可成为建设社会主义核心价值体系、培育和践行社会主义核心价值观的精神滋养。其一,中国传统文化的基本精神是社会主义核心价值体系的深厚土壤。中国传统文化的基本精神是中华民族在长期的历史发展过程中逐步形成和发展起来的群体意识,是中华民族共同的心理素质、思想品格、价值取向和道德规范的综合体现。中国传统文化已经融化在中国人的思想意识和行为方式中,成

---

[1]《为国家立心 为民族铸魂——十八大以来党中央推进和深化社会主义核心价值观建设纪实》,《人民日报》2016年2月5日。

为民族心理的重要组成部分，制约和影响着人们的现实生活，是中国特色社会主义核心价值体系建设的深厚土壤。中国传统文化的基本精神揭示了中华民族发展壮大、延续至今的根本原因，是中华儿女开拓创新的力量源泉，是中华民族屹立于世界民族之林所特有的精神气质。在建设中国特色社会主义事业的进程中，中国传统文化的基本精神起着凝聚和激励全体民众的重要作用。社会主义核心价值体系建设离不开对中国传统文化基本精神的传承。只有将中国传统文化基本精神纳入社会主义核心价值体系，才能使社会主义核心价值体系更好地为广大人民群众所接受，并成为全社会的自觉追求。[1]其二，中国传统文化的基本精神是社会主义核心价值体系的宝贵资源。中国传统文化的基本精神经数千年传承，已深入国人的骨髓和血液。中国传统文化与社会主义核心价值体系血脉相通，我们要积极挖掘和转换传统文化中的优秀思想内容，使其适应时代发展的要求。在对待传统文化的问题上，既不能盲目崇拜和搬用，也不能简单否定和排斥，既不能奉行文化保守主义，也不能搞文化虚无主义。我们应该在批判继承中国传统文化的基础上进行综合创新，努力寻求传统文化向社会主义核心价值体系观念转换的有效途径，促进社会主义核心价值体系建设。将中国传统文化的基本精神纳入社会主义核心价值体系建设中，就是融汇了中国传统文化的精华。只有在充分挖掘和科学转换中华民族优秀传统文化的基础上，才能培育起社会主义核心价值体系，建设好中华民族共有的精神家园，为实现民族复兴中国梦提供强大的精神动力。[2]

---

[1]杨信礼等：《中国特色社会主义核心价值体系研究》，中共中央党校出版社，2014，第63页。

[2]杨信礼等：《中国特色社会主义核心价值体系研究》，中共中央党校出版社，2014，第64页。

（二）革命文化为社会主义核心价值体系贡献红色基因

革命文化，以实现社会主义和共产主义的崇高理想为核心，以全心全意为人民服务为追求，以集体主义为原则，以爱国主义、无私奉献、顽强拼搏、艰苦奋斗等为主要内容，以实践性、科学性、革命性、先进性、本土化、创新性为基本特征，为社会主义核心价值体系贡献了重要的红色基因。红色基因是革命文化中不可缺少的成分，决定了革命文化和红色文化的性质，在革命实践中锻造出了无产阶级的思想性、政治性，是中国共产党的灵魂。红色基因与无产阶级的政治性和思想性浑然一体，它是中国共产党永不褪色的鲜红底色，也是融于社会主义核心价值体系并发挥巨大作用的重要元素。红色基因携带了革命精神的特质和永不放弃艰苦奋斗的品格。红船精神、井冈山精神、苏区精神、长征精神、延安精神、西柏坡精神等红色基因强调坚毅不屈的必胜信念，充分体现了爱国主义和创新品格，是民族精神和时代精神的坚实基础。

革命文化植根于中华优秀传统文化，在传承并弘扬中华优秀传统文化的基础上为形成社会主义核心价值体系提供了红色基因。中国是有着五千多年悠久历史的文明古国，曾经出现过许多很有影响力的文化成果，提出了博大精深的思想观念，如孝悌忠信、礼义廉耻、仁者爱人、民为邦本、天人合一、天下为公，等等。其中讲仁爱、重民本的政治理念，守诚信、尚和合的社会文化等，历经一代代国人的传承与发展，积淀成丰富而深厚的文化资源，产生了伟大的革命集体主义精神、艰苦奋斗的革命作风、为人民服务的崇高宗旨。这正是中华优秀传统文化与中国共产党革命斗争实践相结合的时代产物，也是对中华优秀传统文化的传承与升华，一起汇聚成中国共产党与中国人民的优良传统。①

革命文化是社会主义先进文化的重要基因和直接来源，在新时代不断焕发出勃勃生机，为中国特色社会主义道路提供了重要的精神支持。革命文化的持久影响力体现为艰苦奋斗、不怕牺牲的革命精神，这种精神是我国社会主义建设获得成功的重要源泉。中国特色社会主义进入新时代，革命文化依旧是激励中国人民矢志不渝开拓进取的强大精神支柱，也是我们建立文化自信的一个重要精神资源。中国特色社会主义先进文化，旨在弘扬以爱国主义为核心的民族精神、以改革创新为核心的时代精神，其实质是革命文化在新时代的延伸。革命文化的优良传统与新的时代结合，使社会主义先进文化呈现出更加鲜明的中国特色。传承革命文化，重温革命精神，并将其融入社会主义先进文化的发展过程中，就会大大增强社会主义先进文化的凝聚力，使之能够更加从容地应对外来文化的挑战。②

（三）社会主义先进文化为社会主义核心价值体系提供文化支撑

习近平在十九大报告中指出："培育和践行社会主义核心价值观，不断增强意识形态领域主导权和话语权，推动中华优秀传统文化创造性转化、创新性发展，继承革命文化，发展社会主义先进文化。"③社会主义先进文化作为一种文化新范式，重构了中华民族优秀传统文化，发展了我党的革命文化，体现了新时期的文化自觉，为社会主义核心价值体系建设提供了重要支撑。

---

①张妙：《革命文化更自信》，光明网，2018年2月13日。
②张妙：《革命文化更自信》，光明网，2018年2月13日。
③习近平：《决胜全面建成小康社会　夺取新时代中国特色社会主义伟大胜利——在中国共产党第十九次全国代表大会上的报告》，《人民日报》2017年10月18日。

社会主义核心价值体系的精神引领

一是明确中国特色社会主义文化的政治方向。马克思主义是人类思想史上最伟大的成果，是我们立党立国的根本指导思想，它揭示了人类社会发展的基本规律，为社会主义先进文化建设指明了正确方向。针对当前我国思想文化存在的社会主义"终结论"、马克思主义"过时论"、共产主义"缥缈论"等错误观点，社会主义先进文化始终坚持以马克思主义为指导，将科学社会主义的基本原则与中国实际结合起来，把马克思主义立场观点方法贯彻到中国特色社会主义实践中，努力在纷繁复杂的社会文化生态中辨析主流与支流，区分先进与落后，划清积极与消极，凝聚起团结奋斗的强大精神力量。二是构筑社会主义核心价值观的文化自信。社会主义核心价值观是当代中国精神的集中体现，是凝聚中国力量的思想道德基础，是决定社会主义先进文化性质和方向的最深层次要素。面对更加多样化的社会思潮与价值判断和利益诉求，我们始终坚持培育和践行社会主义核心价值观，为中国特色社会主义伟大事业凝魂聚力，为中华民族以更加自信自强的姿态屹立于世界民族之林的奋斗目标提供源源不断的精神动力和思想引领。三是坚持"以人民为中心"的价值立场。为什么人的问题体现社会主义文化的历史价值，决定着社会主义文化的性质和方向。人民至上是社会主义先进文化的价值立场，我们建设的社会主义先进文化是人民大众的文化，人民的需要是社会主义先进文化存在的根本价值所在。无论面对什么样的挑战和压力，社会主义先进文化始终将人民利益置于价值排序的首位，将"以人民为中心"的价值要求贯穿于文化强国的各项建设活动之中，丰富中国人的精神生活，保障和改善文化民生。四是筑牢国家文化软实力的创新基础。文化的生命力在于创新和发展，只有站在时代前沿，引领社会风气，精神文明建设才能发挥更大威力。我们不断深化文化体制改革，推动社会主义文化大发展大繁荣，增强全民族文化创造活力，推动文化事业全面繁荣、文化产业快速发展，增强国家文化整体实力和竞争力，正日益接近社会主义文化强国的宏伟目标。①

三、如何继承发展"三种文化"

（一）全面推动中华优秀传统文化的创造性转化、创新性发展

习近平在党的十九大报告中指出："文化自信是一个国家、一个民族发展中更基本、更深沉、更持久的力量。"②因此，我们必须"推动中华优秀传统文化创造性转化、创新性发展"③。要深入挖掘中华优秀传统文化蕴含的思想观念、人文精神、道德规范，结合时代要求继承创新，让中华文化展现出永久魅力和时代风采。这一论断，为广泛弘扬中华优秀传统文化，"推动中华优秀传统文化创造性转化、创新性发展"指明了前进方向。中华优秀传统文化、革命文化、社会主义先进文化三者的关系表明，实现传统文化的创造性转化、创新性发展，不是传统文化在自身范围内的改进和演变，也不是传统文化的自我改革，而是与革命文化、社会主义先进文化密切关联的文化再创造，也是以由古而今为发展方向的中国文化新开展。

---

①张春美：《社会主义先进文化是当代中国新文化》，东方网，2017年10月8日。
②习近平：《决胜全面建成小康社会　夺取新时代中国特色社会主义伟大胜利——在中国共产党第十九次全国代表大会上的报告》，《人民日报》2017年10月18日。
③习近平：《决胜全面建成小康社会　夺取新时代中国特色社会主义伟大胜利——在中国共产党第十九次全国代表大会上的报告》，《人民日报》2017年10月18日。

推动中华优秀传统文化的转化和发展,一要传承和弘扬。中国传统文化中存在着大量合理的、超越时空的、能够适应当代乃至未来社会的价值理念,我们应毫不犹豫地加以传承和弘扬。比如自强不息的奋斗意志、厚德载物的仁政理念、为民请命的民本思想、忧国忧民的道义担当、和而不同的和谐精神、敬老慈幼的家庭伦理等,可以直接加以继承和弘扬,使之成为社会主义核心价值观和社会主义荣辱观的组成部分。推动中华优秀传统文化的转化和发展,二要否定和批判。根植于农业文明的中国传统文化和传统价值观与工业文明和现代社会不相适应的内容,我们应当谨慎辨别,加以否定和批判。比如,中国古代伦理思想和社会生活特别强调等级差异,等级森严的价值观先验地设定了各种不平等,无疑极大地损害了公平正义;在儒家思想中,妇女地位向来不高,始终处于从属地位,为现代大男子主义提供了思想基础;中国传统文化中有相当一部分内容与巫术迷信相关,占卜范围无所不及,形式五花八门,妨害了人们的正常生活,限制了人类的能动性和创造力,是必须摒弃的陋习。①推动中华优秀传统文化的转化和发展,三要扬弃和转换。中国传统文化中有些价值观曾起过重大作用,但由于时代变化,在现代社会中只具有部分合理性。对此,我们既不能全盘肯定也不能全盘否定,必须采取辩证扬弃的态度,即首先进行分析和剥离,克服或抛弃其有害的部分内涵,尔后再对其有益的内涵加以保留和弘扬。中国古代历来讲"四维""八德",新文化运动以来学术界、思想界对其大加批判,认为这些是束缚劳动人民的精神枷锁,今天看来这种认识过于简单片面了。比如"二十四孝"中有些愚孝的内容,像

---

① 沈壮海:《兴国之魂》,湖北教育出版社,2014,第88—89页。

第七章 继承和发展"三种文化"

"卧冰求鲤"之类就是对儿童人权的不尊重,甚至是对儿童生命的戕害,绝对不值得提倡。但根据现代社会的具体现实,我们可以对其内涵进行重新诠释和当代转换。目前各地出现了不同版本的"新二十四孝",其中赡养父母、常回家看望老人等力所能及又不失温情的行为,就是值得提倡的。再比如礼制限制了身份较低者对社会资源的享有,与公平、公正等当代社会公义相矛盾。但礼法所具有的强制性和公平性,即使是在今天,仍具积极作用。还有些观念看似陈旧过时,但其中不乏可以重新诠释的合理内涵,例如"光宗耀祖"的观念,在很多时候可以引导人去恶向善。所以,今天已接受了唯物主义的我们固然不必时时处处"敬天法祖",但对前人、对历史的敬畏却不能够缺乏,须知当今的一切都是继承和发展前人的结果,当我们自诩要做出无愧于时代的伟业时,也应当以无愧于祖先来自勉。①

对待传统文化的科学态度,简言之就是"看得起、不自大、善梳理"。既坚持古为今用、推陈出新,又坚持洋为中用、科学借鉴,还要有鉴别地加以对待,有扬弃地予以继承,做优秀传统文化的忠实传承者和弘扬者。当今时代,建设中国特色社会主义文化要特别注重中华文化的创造性转化和创新性发展。既了解中华优秀传统文化的发展脉络和价值理念,又不断赋予传统文化以新的活力,使中华民族最基本的文化基因同当代中国文化相适应,同现代社会相协调,弘扬跨越时空和国界、富有永恒魅力和当代价值的文化精神,使中华文明老树发新芽,为社会发展提供正确的精神指引。

---

①沈壮海:《兴国之魂》,湖北教育出版社,2014,第90—91页。

（二）深入继承并弘扬革命文化

习近平在党的十九大报告中强调，我们必须继承革命文化。为了更好地传承革命文化、弘扬革命精神，深入挖掘革命文化的精神内涵和时代内容，把握和提升革命文化所蕴含的价值内涵，我们应以弘扬保护、传承开发革命文化为重要抓手，充分彰显我们的文化自信。

在加强革命文化资源保护的基础上，我们要站在党和国家全局的高度，立足独特革命文化资源，重点深化革命文化理论研究，深刻诠释共产党人坚贞不屈、百折不挠、无私奉献等精神内涵，提炼升华革命文化资源所蕴含的精神价值。我们要以传承弘扬爱党爱国、艰苦奋斗、改革创新等精神为主旨，推出更多凸显地域特色的革命舞台剧目、影视作品以及网络文艺等精品力作；鼓励和引导文艺创作演出团体，深入革命文化重点区域体验生活和采风编创，进一步挖掘可歌可泣的革命题材，新创改编一批融思想性、艺术性、观赏性于一体的革命文艺作品，拓宽革命文艺题材的创作领域，形成体现社会主义核心价值观的革命文艺教材；以"三下乡"等形式开展革命文艺作品下基层活动，使革命文艺作品扎根基层、贯通地气、深入人心。[①]

按照精神内涵为重、社会效益为先的思路，大力推进革命文化与旅游、会展、影视等产业的融合发展，开发红色旅游读本、音像制品等革命文化特色产品。实施"互联网+"战略，鼓励开发以革命资源为题材背景，适用于移动客户端传播的老少皆宜的文化产品。鼓励发展实景剧类演艺产业，引导带动已有一定基础的革命文化品牌创新发展。积极将弘扬革命文化融入现代公共文化服务体系建设，不断提高革命文化的公共服务体

---

① 张妙：《革命文化更自信》，《山西日报》，2018年2月13日。

系和能力。充实各级革命纪念馆的收藏内容,提升展陈水平;依托各级图书馆、文化馆、美术馆、博物馆等公共文化设施,开展革命图书、摄影、书画展等主题文化活动;在公益讲座中,增加革命文化专题内容,加大革命文化资源比重,不断完善革命文化传播体系。结合爱国主义、革命传统和党风廉政教育基地特色品牌建设,打造革命文化旅游精品线路。通过实物、音像视频、讲解、体验等,构筑真实的历史场景,营造情景交融的氛围,使游览者于潜移默化中接受革命传统教育。①

(三)全力发展社会主义先进文化

习近平在党的十九大报告中提出,我们必须发展社会主义先进文化。十八大以来的文化建设实践表明,正是通过改革创新,建立起有利于发挥市场在文化资源配置中积极作用的体制机制,文化生产力才得以进一步释放。对创新的高度关注和着力倡导,是推动社会主义先进文化大发展大繁荣、建设社会主义文化强国的不竭动力。社会主义先进文化是当代中国的新文化,作为一种价值理念,它塑造人们的思维方式和行为规范,在全社会形成共同的道德基础;作为一种理想信念,它指明人们为之奋斗的理想和目标;作为一种精神纽带,它统一人们思想、维系民族团结、维护国家稳定。一方面,文化创新与文化体制改革相联系。通过深化文化体制改革,实施重大文化工程,健全文化管理体制,提高文化开放水平,使融科技创新、文化原创、体育休闲、创意研发于一体的文化产业不断发展。另一方面,以创新的方式向世界传播好中国故事。通过提炼和阐释话语体

---

① 张妙:《革命文化更自信》,《山西日报》2018年2月13日。

系，创新人文交流机制，并综合运用各种传播方式，拓展对外传播平台和载体，加深国际社会对中国道路的认识。①

一要不断增强文化自觉，以体现使命担当。中国共产党在近百年发展历程中的每一次跨越式前进，都离不开文化的觉醒。当下中国正处于全面建成小康社会的决胜阶段，更需增强社会主义先进文化自觉。这种文化自觉的提升，意味着中国共产党人正承担着推动文化大发展大繁荣的历史使命。它要求我们牢固树立中国特色社会主义"四个自信"，不断铸造打动人心的"中国精神"，引领中国航船破浪前进。二要不断增强文化自信，以实现文化自强。社会主义先进文化是震撼心灵、满足需求的精神支柱，更是引领社会健康发展、激发民族创造力的精神力量。在传统与现代、民族与世界的冲突与对撞、融合与再造中实现文化自强，是社会主义先进文化核心价值观的全部理论和实践主题，是以新的精神状态和奋斗姿态把中国特色社会主义推向前进的题中应有之义。②

（四）正确认识和处理"三种文化"之间的辩证关系

中华优秀传统文化、革命文化、社会主义先进文化的关系问题，实际上就是中国文化发展的古与今的关系问题。中华优秀传统文化是中国文化之古，革命文化与社会主义先进文化则为中国文化之今。中国文化的古与今，其内容、主流思想、时代精神当然不相同，但都是由一定社会的经济和政治所决定的，都有着历史的客观性和合理性。正是由于中国共产党领导中国人民进行了近百年的伟大斗争，中国文化才出现了古与今的区别和

---

① 张春美：《社会主义先进文化是当代中国新文化》，东方网，2017年10月8日。
② 张春美：《社会主义先进文化是当代中国新文化》，东方网，2017年10月8日。

由古而今的更替。

其一，中华优秀传统文化、革命文化、社会主义先进文化具有共同点，中国文化的古与今是相通的。从历史看，这三种文化形态作为中国文化不同历史阶段的产物，都积淀着中华民族最深层的精神追求，一脉相承而源远流长。从现实看，这三种文化形态对于推动中国特色社会主义文化繁荣都有着重要意义，中华优秀传统文化是中国特色社会主义文化的重要来源，而革命文化和社会主义先进文化则是中国特色社会主义文化的主体。不论从历史看还是从现实看，这三种文化形态都是相通的。其二，中华优秀传统文化、革命文化、社会主义先进文化具有密切关联，是按照由古而今的历史逻辑来确立的，表明了新时代中国文化的发展方向在于发展中国特色社会主义文化。这一发展方向，从根本上说是由中国特色社会主义伟大实践历程中创造的新经济和新政治所规定的，有其历史的必然性和合理性。中国文化古与今的关系只能依据这个历史逻辑来解决，以由古而今为中国文化发展方向，而不能违背这个历史逻辑去搞厚古薄今或由今返古。[①]"立时代之潮头，通古今之变化，发思想之先声"，理应成为我们正确看待中国文化的古今关系时的指导思想。

（五）以"不忘本来、吸收外来、面向未来"的原则方针继承发展"三种文化"

习近平在十九大报告中明确指出在"推动中华优秀传统文化创造性转化、创新性发展，继承革命文化，发展社会主义先进文化"的同时，要

[①] 李维武：《如何处理好中华优秀传统文化、革命文化、社会主义先进文化三者关系》，搜狐网，2018年8月1日。

社会主义核心价值体系的精神引领

"不忘本来、吸收外来、面向未来,更好构筑中国精神、中国价值、中国力量,为人民提供精神指引"①。习总书记在这里对继承和发展"三种文化"的基本原则即"不忘本来、吸收外来、面向未来"作出了高屋建瓴的阐释,并指明了"三种文化"的发展目标和价值定位即"构筑中国精神、中国价值、中国力量,为人民提供精神指引"。

不忘本来,是指不要丢掉包括革命文化及部分社会主义先进文化在内的所有中华优秀传统文化,应坚持古为今用。习近平总书记已经将中华优秀传统文化提升到"中华民族的基因""民族文化血脉"和"中华民族的精神命脉"的高度,有力增强了民族自信心、民族自豪感和民族凝聚力;运用中华优秀传统文化阐述问题,启迪思维,贯通古今,为治国理政、实现中华民族伟大复兴注入了强大精神力量,有力彰显了中华民族的文化自信;向世界阐发中华优秀传统文化,传播中国话语体系,发出"一带一路"倡议,协和万邦,构建人类命运共同体,有力体现了中华民族的文化"软实力"。②党的十九大报告指出,要深入挖掘中华优秀传统文化蕴含的思想观念、人文精神、道德规范,结合时代要求继承创新,让中华文化展现出永久魅力和时代风采。"上下交而后能成和同之治""不谋全局者,不足谋一域""勠力同心""大道之行""天下为公",这些五千多年历史文化积累的精神养分,延续着中华优秀传统文化的血脉,遵照古为今用的原则,早已成为革命文化和社会主义先进文化的深厚基础,并为社会主义核心价值体系建设打开了光明的发展前景。

吸收外来,是指不要自我封闭、妄自尊大,应坚持洋为中用。文化是

---

①习近平:《决胜全面建成小康社会 夺取新时代中国特色社会主义伟大胜利——在中国共产党第十九次全国代表大会上的报告》,《人民日报》2017年10月18日。
②薛庆超:《习近平与中华优秀传统文化》,《行政管理改革》2017年第12期。

第七章 继承和发展"三种文化"

没有国界的,随着经济全球化的发展,文化也走向了全球化。世界上各个国家、各个民族的文化多种多样,各有所长。中华文化是世界文化百花园中的一朵奇葩,它历史悠久,博大精深,形式多样,千姿百态,是世界范围内唯一没有中断过的文明,是人类文化宝库的重要组成部分,为人类文明的发展进步作出了巨大贡献。但是,我们不能自高自大,盲目排外,故步自封。必须以谦虚的心态、开放的姿态,立足本民族文化,科学借鉴世界上的各种文化的优长,洋为中用,取长补短,为我所用,使中国文化特别是社会主义先进文化博采众长,更加繁荣昌盛。

面向未来,是指不要满足现状,应坚持今后更高远的目标和追求。中国文化由传统文化到革命文化再到社会主义先进文化,经历了五千年漫长的古代史时期和近现代史时期,由革命到建设再到改革,已经发展成为中国特色社会主义文化,成为中国特色社会主义的核心内涵之一,成为全党全民奋勇前进的强大精神力量。伴随改革开放40年的前进脚步,中国特色社会主义文化得到了大发展大繁荣,为推进中国特色社会主义在新世纪特别是新时代取得历史性成就和历史性变革作出了历史性贡献。但我们还应继续努力,进一步推进中国特色社会主义文化的发展,尤其是要遵循"两个一百年"的奋斗目标,全面提升文化建设水平。坚持共产主义远大理想,树立建设共产主义文化的宏伟目标,为早日实现文化现代化和中华文化复兴而努力奋斗。毛泽东曾预言,"随着经济建设高潮的到来,不可避免将要出现一个文化建设的高潮"。上下五千年绵延不息的中华文化,如今已发展为中国特色社会主义文化。它是中华民族的精神大厦,是我党保持战略定力的精神基础。伴随着中华文化的繁荣兴盛,中国特色社会主义文化建设必将进入繁荣发展的黄金时期,使中华文化走向新辉煌。

第八章
社会主义核心价值体系建设的基本现状与有效对策

作为文化建设、精神文明建设、意识形态建设的重要内容，社会主义核心价值体系能否得以确立，重在建设。经过新中国成立以来特别是改革开放40年来的探索和努力，社会主义核心价值体系建设取得了显著成就，但也存在着一些问题，需要我们在实践中深刻总结已有经验，并积极借鉴其他国家的成功做法，立足中国国情，制定实施一系列更加科学有效的实际对策。

一、社会主义核心价值体系建设的主要成就

社会主义核心价值体系是近代以来中西思想文化在不断碰撞与融合过程中，由中国共产党领导中国人民不断探索建构起来的。它的科学概念虽然直到2006年10月党的十六届六中全会上才明确提出，但其基本精神早已蕴含在党所倡导和践行的道德建设、精神文明建设和先进文化建设之中，特别是社会主义核心价值体系中的指导思想和民族精神等重要内容，可以

第八章 社会主义核心价值体系建设的基本现状与有效对策

追溯到中国共产党成立之时甚至更早。因此，从某种程度上说，中国共产党建党近百年的历史就是一部实现价值观念更新的探寻并建设中国特色社会主义核心价值体系的历史。

社会主义核心价值体系是改革开放以来党领导人民在建设中国特色社会主义的伟大实践过程中逐步构建并自觉遵循的价值体系。新中国成立以来，特别是改革开放40年来，中国共产党领导全国人民经过长期努力，在社会主义核心价值体系建设方面取得了重大成就：其一，形成了社会主义核心价值体系的完整理论。学术界对社会主义核心价值体系的思想渊源、基本内涵、内在关联、历史意义、现实作用、实践路径、建设目标等要素进行了广泛深入的研究，成果丰硕，理论体系日渐成熟。其二，提炼了社会主义核心价值观的明确表达。鉴于社会主义核心价值体系建设的复杂性和长期性，为便于广大党员干部群众明晰当前培育和践行社会主义核心价值体系的重点与核心，十八大报告从国家、社会、个人三个层面提出了"三个倡导"，即富强、民主、文明、和谐；自由、平等、公正、法治；爱国、敬业、诚信、友善24个字的社会主义核心价值观。其三，构建了社会主义核心价值体系建设的体制机制。社会主义核心价值体系已经纳入各级别、各层面的五年建设规划和文化建设规划等发展规划之中，各级教育主管部门已把社会主义核心价值体系教育融入国民教育，各种传媒都将积极传播社会主义核心价值体系当作自身的职责，各行各业也都将践行社会主义核心价值体系的实际表现作为职工评先、评优的评价指标，这些切实有效的举措构成了有序推进社会主义核心价值体系建设的体制和机制。其四，营造了社会主义核心价值体系的良好氛围。当今中国已形成了崇尚公平正义、贬斥腐败贪婪的社会风气，尤其是以习近平为核心的党中央坚决

社会主义核心价值体系的精神引领

开展反腐败斗争，将社会主义核心价值体系建设纳入党风廉政建设，使得党风、政风明显好转，并因此带动了整个社会风气的根本好转。①

有关部门的专题调研结果显示，当前中国的社会主义核心价值体系建设所取得的重大成就，集中表征在以下几个方面：一是马克思主义的指导地位更加巩固。中国共产党在长期奋斗历程中，坚持把马克思主义同中国实际相结合，不断推进马克思主义中国化，形成了两大理论成果，即毛泽东思想和中国特色社会主义理论体系，也正是在马列主义、毛泽东思想和中国特色社会主义理论体系的正确指导下，中国革命、建设和改革才取得了一个又一个胜利。社会各界的绝大多数党员干部群众都坚信马克思主义的指导地位，这主要得益于马克思主义自身的科学性，同时也是党长期以来坚持和发展马克思主义，统一了全党全国各族人民的思想和行动的结果。二是中国共产党的领导地位更加牢固。中国共产党是中国革命建设改革事业的领导核心，其领导地位是历史和人民的选择。正是由于中国共产党的正确领导，中国取得了举世瞩目的历史性成就，实现了从站起来、富起来到强起来的历史性变革和伟大飞跃。尽管党在探索中国革命和建设的发展历程中也犯过错误，遭受过严重挫折，当前也还存在着这样那样的问题和挑战，但是，党的领导仍然得到了全国各族人民的衷心拥护，党在广大群众心目中的地位是坚定不可动摇的。三是中国特色社会主义共同理想更加坚定。理想为人们提供奋斗目标和前进动力，人都有自己的个人理想，一个国家、民族、社会也应有自己的共同理想，有了共同理想才会有共同步调，才能增强民族凝聚力、战斗力，才能取得事业成功。当代中国

---

① 高正礼等：《社会主义核心价值体系建设对策研究报告》，人民出版社，2017，第12—13页。

第八章 社会主义核心价值体系建设的基本现状与有效对策

人民的共同理想是建设中国特色社会主义，即在中国共产党领导下走中国特色社会主义道路，实现中华民族伟大复兴。这个有着广泛共识的共同理想，是对中国社会发展规律的正确认识，是中国人民利益和愿望的根本体现，是全国各族人民团结奋斗的精神旗帜。十一届三中全会以来，党带领人民进行改革开放，开辟了中国特色社会主义道路，形成了中国特色社会主义理论体系，确立了中国特色社会主义制度，发展了中国特色社会主义文化，使中国进入了中国特色社会主义新时代，中国人民的精神面貌和思想信念也发生了深刻变化，对中国特色社会主义道路、理论、制度和文化的自信空前增强。四是以爱国主义为核心的民族精神更加深入人心。以爱国主义为核心的民族精神是几千年来中华民族生生不息的动力源泉，爱国主义是近代以来中国人民反帝反封建斗争最有力的口号和最鲜明的旗帜。当今时代，广大干部群众对民族精神普遍认同，对爱国主义的认识高度一致。尤其是高校大学生不仅高度认同和坚信爱国主义，而且理性爱国的自觉程度也达到了高点。五是以改革创新为核心的时代精神得到广泛认同。改革是社会主义发展的直接动力，创新是民族进步的灵魂和国家兴旺发达的不竭动力。十一届三中全会以来，党领导人民在改革开放的伟大实践中经不断培育和积累形成了以改革创新为核心的时代精神。正是依靠这一精神，我们战胜了国内外的各种艰难险阻，取得了改革开放和现代化建设的辉煌成就，中国综合国力和国际地位不断提升，社会各界普遍拥护党的改革开放政策，对创新发展的重要性认识到位，以改革创新为核心的时代精神获得了广大干部群众越来越一致的认同。六是社会主义荣辱观的践行更加自觉。以"八荣八耻"为主要内容的社会主义荣辱观是社会主义核心价值体系的基础，为人们判断真善美、假恶丑和作出道德选择、价值取向提供了基本规范。经过十多年的建设，社会各界更加自觉践行社会主义荣辱观，集中体现为：经过各级党政、各类学校、各种媒体的共同宣传普及教育，社会各界对社会主义荣辱观的认知度不断提高；从媒体报道、学者研究、群众反响来看，社会各界对社会主义荣辱观的认可度越来越高；对各种真善美、假恶丑社会现象的明辨度更加准确，社会风气明显好转，众多热点问题的舆论引导愈发理性公允；树立社会主义荣辱观的最终成果和评判标准需要落实到广大人民群众的实际行动上，因为人民是各项建设事业的创造者，社会主义荣辱观的树立必须紧紧依靠全国各族人民的团结努力。[1]各地、各行业的广大干部群众都要积极行动起来，通过各种途径方法广泛参与其中，在各自工作岗位上为牢固树立社会主义荣辱观添砖加瓦。

二、社会主义核心价值体系建设存在的问题及原因分析

社会主义核心价值体系决定着中国特色社会主义的发展方向，而社会主义核心价值体系建设则是一个事关国家发展方向和发展道路的全局性、长远性、根本性的战略问题。在全党全国人民的共同努力下，社会主义核心价值体系建设确实取得了一系列重大成就，但我们也应清醒地看到，社会各界对社会主义核心价值体系的认知和践行仍存在着一些较为明显的问题，诸如部分人对马克思主义信仰动摇和弱化、对中国特色社会主义理想信念模糊和淡化、对改革开放的前景信心不足以及社会诚信缺失，严重地

---

[1] 高正礼等：《社会主义核心价值体系建设对策研究报告》，人民出版社，2017，第22—26页。

第八章 社会主义核心价值体系建设的基本现状与有效对策

阻碍了社会主义核心价值体系建设的深入推进。

具体而言,社会主义核心价值体系建设中存在的主要问题有:一是一些人对马克思主义指导地位的认识不够清晰。马克思主义是我们立党立国的根本指导思想,是社会主义核心价值体系的灵魂,不坚持马克思主义的指导地位就会动摇中国特色社会主义的理论根基和走中国特色社会主义道路的信心。绝大多数干部群众都能够坚持以马克思主义为指导思想,用中国特色社会主义理论体系领经济社会发展全局。马克思主义和马克思主义中国化理论成果的指导地位是坚固的。但现实生活中仍有一些人对马克思主义的信仰产生动摇,对马克思主义表示怀疑,甚至认为马克思主义只是一种宣传工具,它已经过时,没有什么现实价值了。这表明马克思主义在当下中国部分人群中有被弱化和淡化的趋势,其指导地位也受到了一定程度的质疑和挑战。二是一些人对改革开放和中国特色社会主义的认识不够深刻。改革开放是当代中国最鲜明的特色,是决定当代中国命运的关键抉择;中国特色社会主义是适应中国时代发展进步要求的科学社会主义,是科学社会主义的理论逻辑和中国社会发展历史逻辑的辩证统一。改革开放的伟大成就和中国特色社会主义的飞速发展有目共睹,总体上得到了广大人民群众的坚决拥护。但是,由于受理论水平的限制、现实问题的干扰和西方社会思潮的影响,一些人对改革开放和中国特色社会主义的认识模糊甚至出现错误,比如有人认为中国正在走的道路是"中国特色的资本主义道路",中国未来的改革方向是逐步走向私有化,对中国特色社会主义的发展前途存在很大疑问和困惑。三是一些人对民族精神和时代精神的了解不够深入。以爱国主义为核心的民族精神已成为各族人民团结奋斗的力量源泉,以改革创新为核心的时代精神也已成为各族人民不断开创中

社会主义核心价值体系的精神引领

国特色社会主义新局面的强大精神力量，民族精神和时代精神相辅相成，统一于中华民族的精神品格之中。虽然大多数人都认同民族精神和时代精神是社会主义核心价值体系的精髓，认可它是实现民族复兴中国梦的强大力量，但对于什么是民族精神和时代精神、民族精神和时代精神为什么要以爱国主义和改革创新为核心、民族精神和时代精神之间有着怎样的联系等问题存在着一定的认知偏差。四是一些人对社会主义荣辱观的把握不够全面，社会主义荣辱观反映了中华民族传统美德和时代要求，体现了社会主义基本道德规范和基本价值取向的本质要求，是新形势下加强社会主义思想道德建设的重要指南，但至今仍有相当一部分人对社会主义荣辱观的认识和了解还不够全面深刻，还有一些人在荣辱观上存在着是非不清、荣辱不明，甚至不以为耻、反以为荣的状况，同时还有一个突出的错位现象即知行不一、认知与践行脱节、"说一套做一套"。五是社会主义核心价值体系普及不够灵活。马克思主义大众化要求理论工作者深入群众、深入基层、深入生活，运用群众喜闻乐见的语言和形式，宣传和普及马克思主义，防止教条主义和形式主义。教条主义是一切从定义公式出发，生搬硬套，不懂得具体问题具体分析；形式主义则片面注重形式而不管内容，只看重事物的现象而不注重分析本质。当前社会主义核心价值体系的宣传教育过程中，存在着较为明显的教条主义和形式主义的倾向。比如不少单位和部门在开展社会主义核心价值体系的理论学习时，只做表面文章，而不关心学习者的理论素质是否有所提高、能否将所学理论内化于心；在社会主义核心价值体系的实践方面，不少地方不顾本地实际，机械地贯彻上面的要求，照搬上层的做法，不懂得领会上级指示精神，不能够创造性地开展工作；马克思主义的宣传教育工作，严重脱离人民群众的日常生活，有

第八章　社会主义核心价值体系建设的基本现状与有效对策

的地方煞有介事地进行枯燥而空洞的政治说教，甚至把马克思主义当作政治标签，胡乱牵挂套用。这些形式主义的东西，严重损害了马克思主义的形象，影响了人们对马克思主义的理解，阻碍了社会主义核心价值体系大众化的深入推进。[①]

社会主义核心价值体系认知和实践过程中出现诸多较严重的现实问题，其原因很多很复杂，只有深入分析问题产生的原因，才能在此基础上提出切实有效的应对之策。社会主义核心价值体系建设实践中之所以出现问题，既有理论自身的因素，也有宣传教育形式的不足，还有国内外环境的影响以及相关制度的缺失等原因。一是理论体系丰富深奥，理解起来难度大。社会主义核心价值体系理论色彩浓重，内涵复杂，对广大群众的理解和践行产生了一定的制约，比如内容的丰富性和严密性增添了人们的认知困难、语言表达的抽象性和概括性限制了社会各界的深入理解、现实问题的复杂性和挑战性影响了人们的内心认同。二是宣传教育形式单调。社会主义核心价值体系要被大众接受和掌握并转化为全社会的群体意识和自觉行动，必须在宣传教育上下功夫，根据教育对象的不同特点采取不同的宣教方式方法。但目前各地各行业在这方面普遍存在着忽视教育对象的主体性、差异性，出现一刀切现象，宣传形式手段单一呆板。采取自上而下的填鸭式宣传教育，无视教育对象的能动性和思想感受，这势必造成教育对象的厌倦和反感，极大地降低了学习的积极性、主动性。宣传时通常都是采用讲座、报告、宣传栏等单调枯燥的形式，缺乏新意和吸引力，宣传手段上对广播、电视等传统媒体依赖过大，而对移动互联网等新兴媒体则

---

① 高正礼等：《社会主义核心价值体系建设对策研究报告》，人民出版社，2017，第36—37页。

利用得不够充分，对扩大宣教普及面和确保宣教效果有很大影响。三是社会思潮复杂多元的冲击。全球化在给中国带来巨大发展机遇的同时，也带来了诸多严峻挑战，这些挑战不仅表现在经济政治等领域，也表现在思想文化和意识形态领域。西方敌对势力为实现西化、分化中国的图谋，利用广电、网络等各种媒体加紧对我国意识形态的渗透和颠覆，主要的意图是向我国兜售他们的所谓新自由主义、民主社会主义和历史虚无主义思潮，鼓吹西方政治制度的优越性，千方百计地制造思想混乱，严重阻碍了社会主义核心价值体系建设。四是市场经济负面效应的妨碍。市场经济是把双刃剑，在给我们带来经济上巨大进步的同时，也对人们的思想观念和价值取向产生了较大影响。市场经济既突破了传统思想观念和思维方式，使人们的思想得到解放，形成了一些新思想新观念，同时它也给人们的思想观念和价值取向带来了诸多消极影响。市场经济的逐利性和利己性，导致拜金主义、享乐主义、极端个人主义等腐朽思想泛滥，对社会主义核心价值体系建设造成了严重破坏。拜金主义盲目崇拜金钱，必然导致物欲横流、人情冷漠、道德沦丧、诚信缺失，使社会经济秩序陷入混乱，整个社会失去精神支柱和凝聚力；与拜金主义密切相连的享乐主义追求感官刺激和物质享受，必然导致贪图享乐、不思进取、思想空虚、铺张浪费，与中华民族勤劳节俭的传统美德和中国共产党艰苦奋斗的优良作风相违背；极端个人主义完全以自我为中心，损人利己，必然导致精神滑坡。拜金主义、享乐主义、极端个人主义等消极思想，削弱了共同理想信念，影响了广大人民对社会主义核心价值体系的认同和信仰，不利于社会主义核心价值体系的深入推进。五是社会矛盾不断突显。伴随着中国社会转型的加速，各种社会矛盾和社会问题也日益突显出来。尤其是贫富差距、官员腐败问题，

第八章　社会主义核心价值体系建设的基本现状与有效对策

使不少人对马克思主义失去兴趣，对党和政府失去信心，对社会主义前途产生怀疑，严重影响了社会主义核心价值体系的现实解释力和说服力。实现共同富裕是社会主义的本质要求，贫富差距的加大严重偏离了共同富裕的社会主义根本原则，引起广大人民群众对党和政府的不满，动摇了人们对社会主义的信念，制约着人们对社会主义核心价值体系的认同。广大党员干部对社会主义核心价值体系的信仰程度和践行程度，直接影响广大人民群众对社会主义核心价值体系的信仰和践行。只有党员干部率先垂范，普通群众才可能相信；反之，广大群众非但不会认同，反而会憎恶和反感。某些领导干部一边在会上大讲反腐倡廉，一边在私下聚敛钱财；一边高喊马克思主义，一边求神拜佛。这种言行不一、口是心非的两面行为，不仅严重败坏了党和政府形象，而且削弱了广大群众对社会主义核心价值体系的信仰和认同，必须引起高度警惕。六是制度建设相对滞后。制度是社会主义核心价值体系顺利推进的根本保障，但在当前，相关制度建设明显滞后，致使社会主义核心价值体系建设难以深入推进，影响了社会主义核心价值体系的大众化进程。制度滞后的突出表现在于缺乏健全完善的长效宣教机制和赏罚分明的奖惩机制。[1]建设社会主义核心价值体系是一项长期工程，不可能一蹴而就，必须建立健全长效宣教机制。然而，当前宣教活动中存在着形式主义，认认真真走过场，大搞一阵风式运动，使社会主义核心价值体系建设仅仅停留于会议报告中和书面总结里，不可能真正入心。建设社会主义核心价值体系除了个人内心的道德自律，更重要的是要有一个赏罚分明的外在奖惩机制，通过客观公正的奖惩举措实现对人们

---

[1] 高正礼等：《社会主义核心价值体系建设对策研究报告》，人民出版社，2017，第60页。

社会行为的价值导向，使恶人不敢作恶，善人更乐意从善，由此使社会道德欣欣向善。但当前相关的奖惩机制很不健全，甚至严重缺失，必然造成个体信仰的迷失和社会公德的涣散，践行社会主义核心价值体系就会成为空想。

三、社会主义核心价值体系建设的发展对策

社会主义核心价值体系建设是坚持中国特色社会主义文化发展道路，提升社会主义思想文化软实力，发展社会主义先进文化的重大举措。党的十八大报告强调"社会主义核心价值体系是兴国之魂，决定着中国特色社会主义发展方向。要深入开展社会主义核心价值体系学习教育，用社会主义核心价值体系引领社会思潮、凝聚社会共识"[1]。这些重要论断赋予了社会主义核心价值观新的内涵，为社会主义核心价值体系建设提供了重要遵循。建设社会主义核心价值体系是一项十分复杂的系统工程，其最终落脚点应该是全体社会成员对社会主义核心价值体系的自觉学习和努力践行，达到"日用而不自知"的程度。如何理论联系实际推动社会主义核心价值体系的普及教育，推进社会主义核心价值体系的大众化；如何促进社会主义文化大发展大繁荣；如何把社会主义核心价值体系融入思想教育活动之中、融入舆论宣传活动之中、融入精神文化生活之中、融入群众日常文化产品消费过程之中；如何创新改革教育方法、改进引导方式，切实做到因势利导、潜移默化，都是我们亟待研究和解决的重要实践课题。

---

[1] 胡锦涛：《坚定不移沿着中国特色社会主义道路前进　为全面建成小康社会而奋斗——在中国共产党第十八次全国代表大会上的报告》，《人民日报》2012年11月8日。

第八章　社会主义核心价值体系建设的基本现状与有效对策

（一）加强学习教育

要通过社会主义核心价值体系的学习和教育，坚定马克思主义信仰，坚持马克思主义指导地位，不断推进马克思主义中国化、时代化、大众化。要通过学习和教育，坚定中国特色社会主义共同理想，将共产主义远大理想与中国特色社会主义共同理想结合起来，将个人理想融入共同理想和远大理想之中。要通过学习和教育，弘扬民族精神和时代精神，将爱国热情化作振兴中华的实际行动，以开拓创新的精神状态推动事业发展。要通过学习和教育，牢固树立和切实践行社会主义荣辱观，增强道德判断力和道德荣誉感，在全社会形成良好风尚。要通过学习和教育，努力使社会主义核心价值体系转化为广大人民群众的自觉追求和实践，不断提高社会主义核心价值体系的凝聚力。要通过学习和教育，做好培育工程，切实注重价值观念和道德情感的养成，不断增强社会主义核心价值体系的感召力。要通过学习和教育，做好引领工程，以社会主义核心价值体系引领多样化社会思潮，不断增强社会主义核心价值体系的吸引力。

要认清社会主义核心价值体系建设的根本，把积极完善体制机制和不断健全组织体系作为社会主义核心价值体系建设的保障工作加以推进。要认清社会主义核心价值体系建设的重点，把对党员领导干部的教育工作作为社会主义核心价值体系的关键予以推进。要认清社会主义核心价值体系建设的重要手段，把新兴传媒的发展工作作为社会主义核心价值体系建设的重点加以推进。[①]

[①] 杨信礼等：《中国特色社会主义核心价值体系研究》，中共中央党校出版社，2014，第234页。

将社会主义核心价值体系融于整个教育体系，通过教育体系将社会主义核心价值体系内化于教育体系所能覆盖到的每一位教育对象和教育受众。教育体系有狭义和广义之分，狭义上特指国民教育体系即学校教育体系，广义上是指包括面向社会大众的社会教育体系在内的整个教育体系。

其一，学术教育体系是社会主流思想文化流向社会机体各方面的主渠道，也是社会思想文化筛选净化调节的基础性机制。古今中外，在紧紧依托学校教育体系推进主流思想文化建设这一点上概莫能外，学校教育体系自然也是社会主义核心价值体系建设应当充分借助的极其重要的渠道。将社会主义核心价值体系融于学校教育体系，核心是融于学校的课程体系，一是作为思想理论内容的社会主义核心价值体系要纳入课程的内容体系之中，成为教学内容的有机组成部分；二是学校课程体系中的所有相关内容，都要体现社会主义核心价值体系的价值取向和要求。而将这两个方面的要求真正落到实处，需要学校从纵横两个维度作出精心的课程设计，纵向维度就是要实现不同层次学校教育中课程体系和社会主义核心价值体系的有机衔接，横向维度就是要实现不同类型的课程在体现社会主义核心价值体系方面的整体贯穿。将社会主义核心价值体系融于学校教育，还体现在将之融于学校的实践教育体系及校园文化之中，使实践教育与课堂知识教育形成互补，进一步提升教育成效，将社会主义核心价值体系的内容和要求渗透于校园文化的各个方面，使之成为校园文化内在的灵魂。将社会主义核心价值体系融于学校教育体系，离不开教育主体即学校中的教育工作者。教育工作者要努力加强身心修养，以良好的师德师风做学生健康成长的指导者和引路人。将社会主义核心价值体系融于学校教育体系，关键在于融，要融会贯通，深入其里，直达心田。①

其二，面向广大社会公众的、能够覆盖社会各个层面的社会教育体系是社会主义核心价值体系更为倚重的教育渠道，也是使之走入千家万户、让每一个社会成员都受到教育的广泛性教育体系。将社会主义核心价值体系融于社会教育体系，就是要让社会主义核心价值体系成为社会教育体系中的主旋律，唯有如此，用社会主义核心价值体系引领社会思潮、凝聚社会共识的任务才能更好地落到实处；就是要让社会主义核心价值体系教育获得面向社会大众的丰富多样的表现形式，唯有如此，社会主义核心价值体系才能更深入地融于社会教育体系，更有成效地走近社会大众；就是要让社会主义核心价值体系教育形成社会化教育的长效机制，持之以恒地坚持开展下去，唯有真正"常态"才可以"长效"。将社会主义核心价值体系融于社会教育体系，还要注重构建行之有效的民间教化机制，充分发挥民间力量的教化作用，使之成为当代中国主流思想文化宣传教育的重要补充。将社会主义核心价值体系融于社会教育体系，要害也在一个"融"字，要把社会主义核心价值体系的宣传教育与人民群众的生产生活紧密地结合起来，与满足和回应人民群众的思想需要和思想困惑结合起来，与帮助人民群众解决现实困难和现实问题结合起来，还要努力接地气，多用人民群众熟悉的素材，多用人民群众听得懂的语言，多用人民群众喜闻乐见的形式。②

（二）发挥每个公民作为践行主体的作用

社会主义核心价值体系建设需要依赖社会成员中的每一个个体，需

---

① 沈壮海：《兴国之魂》，湖北教育出版社，2014，第154页。
② 沈壮海：《兴国之魂》，湖北教育出版社，2014，第157页。

要调动社会肌体中的每一部分,才能获得最富营养的培育沃土。人人践行,即人人都要成为社会主义核心价值体系的践行者。每个公民都应当自觉加强对社会主义核心价值体系的学习,理解社会主义核心价值观的基本内容,作为自己思想言行的指引和准则。人人践行,要行之于细,行之于实;要行之于乡邦,也要行之于异域。对核心价值观的践行是具体的,要从身边小事做起,从一点一滴做起,无论何时何地都要注重自身修养,须知每个人都是国家和民族的名片,都要自觉展现我们的文明风貌。人人践行,还意味着人人都要成为社会主义核心价值体系建设的践行者。不仅人人要做社会主义核心价值体系的践行者,还要人人成为社会主义核心价值体系的教育者和传播者,尽教育者、传播者、践行者之责才是全面的、具体的、实际的社会主义核心价值体系建设之举。①

(三)抓好重点领域、人群和阵地建设

社会主义核心价值体系建设是一项系统工程,内涵丰富,涉及面广,需要全国人民共同努力。同时,社会主义核心价值体系建设也是一项长期的战略任务,既要全方位多层次展开,又要突出重点,抓好重点领域、重点人群和重要阵地建设。一要全面开展思想道德和理想信念教育,思想道德是人的基本素质,理想信念是人的精神世界的核心,它们是社会主义核心价值体系建设的重点领域,直接关系到社会主义文化强国建设目标能否实现。社会主义核心价值体系建设需要把思想道德和理想信念的培育放在首位,通过主流媒体的宣传、国民教育的普及和党员干部的示范来不断加

---

① 沈壮海:《兴国之魂》,湖北教育出版社,2014,第167页。

第八章 社会主义核心价值体系建设的基本现状与有效对策

强和全力推进；二要牢牢把控新闻舆论阵地的话语权，新闻舆论工作事关旗帜和道路、凝聚力和向心力、党和国家的前途和命运。做好党的新闻舆论工作，营造良好的舆论环境，是治国安邦的大事。各级党组织要坚持和加强党对新闻舆论工作的领导，大力宣传党的路线方针政策，牢牢掌控新闻舆论阵地的主导权；三要充分利用和占领网络新媒体平台。依托网络发展起来的各种新兴媒体业已成为文化传播的重要渠道，也是当下社会主义核心价值体系建设的重要阵地，必须将社会主义核心价值体系贯彻到网络宣传的各个环节中，加大宣传力度，创新宣教方式，用正面声音和先进文化占领网络阵地；四要着力做好党员干部和青少年的教育工作。党员领导干部作为各项事业发展的领头人，应当从"六大建设"方面切实加强党的建设，充分发挥党员干部在建设社会主义核心价值体系中的示范引领作用。青少年群体作为中国特色社会主义事业的接班人，同样是社会主义核心价值体系建设的重点人群。[①]广大青少年的价值取向决定了未来整个社会的价值取向，况且他们又处于价值观形成和确立的关键时期。青少年的思想道德素质现状令人担忧，这对各级党委政府、各类学校和社会各界的青少年思政德育工作提出了严峻挑战，党政群团组织要共同努力，协同改进和提高青少年思想政治教育工作。

（四）充分发挥党员干部的表率作用

中国共产党是中国特色社会主义事业的领导核心，建设社会主义核心价值体系是中国特色社会主义的阶段性战略任务和奋斗目标，必须坚持

---

① 高正礼等：《社会主义核心价值体系建设对策研究报告》，人民出版社，2017，第75页。

和加强党的领导，充分发挥党员干部的先锋模范作用。党的领导主要是政治、思想和组织领导，党要发挥领导核心作用，必须通过制定执行正确的路线方针政策做好组织和宣教工作。很明显，社会主义核心价值体系建设也需要发挥全体党员干部的先锋模范作用，但当下某些党员干部的模范作用并不突出，而少数领导干部的贪腐行为更是引起社会各界的强烈愤慨，对社会主义核心价值体系建设构成了极大危害。因此，必须坚持党要管党、从严治党。一要切实增强党员干部的理想信念，提高党员干部综合素养，唯此才能做到政治方向明确，实践行动坚决；二要持续加强党风廉政建设，进行党的优良传统和廉政文化等方面的教育，切实改进党风政风，引领社会风气向更好的方向发展；三要不断夯实党的基层堡垒，各级基层党组织要落实各项党内法规制度，不断加强党的基层组织建设，夯实党领导各项事业顺利发展的组织基础。①

在新时代新阶段的中国特色社会主义建设中，调动人民群众的主体力量，离不开党员领导干部的示范引导，社会主义核心价值体系建设同样离不开党组织及其成员的示范引领。在建设社会主义核心价值体系的进程中，领导干部要率先践行、积极践行。《关于培育和践行社会主义核心价值观的意见》提出党员干部要做培育和践行社会主义核心价值观的模范，要加强理想信念教育、党性教育和道德教育，严格要求自己，使自己的理念信念更坚定，党性修养更过硬，生活情趣更高洁，切实带好头、作表率，以人格力量感召群众、引领风尚。在践行社会主义核心价值体系方面，领导干部与普通群众之间既有共通性又有差异性。其共通性在于，

---

①高正礼等：《社会主义核心价值体系建设对策研究报告》，人民出版社，2017，第69页。

第八章　社会主义核心价值体系建设的基本现状与有效对策

任何领导干部都是人民群众中的一员，都应该遵守这个社会基本的价值规范；其差异性在于，领导干部担负着特殊的政治责任和社会责任，这些责任又对领导干部提出了更多更高的要求，同时，领导干部是各项工作的规划者推进者，也是各项政策措施的制定者执行者，理当思之更深、行之更广。总之，领导干部在践行社会主义核心价值体系方面，只有同时做到了乐学、能言、修己、实行、常思，才能尽好自己的践行之责。①具体而言，就是以积极的心态学习社会主义核心价值体系的相关内容，积极面向群众正确地宣传讲解社会主义核心价值体系，能真正将社会主义核心价值体系内化于心，真正地将社会主义核心价值体系运用于自己的工作中，经常思考社会主义核心价值体系建设深入推进过程中出现的新课题。

官德与民德是相互影响、并进互动的关系，加强官德建设，是领导者修心立身之道、治党治国之本，也是建设社会主义核心价值体系、在全社会树立良好风尚的关键。要以优良的党风促政风带民风，又要以社会的优良民风促党风、保政风，实现官德与民德的良性互动，不断提高领导干部和全社会的道德水平。领导干部只有带头加强党性和道德修养，带头践行社会主义核心价值体系，做一个正直高尚的人，才能在决策时有正确的价值取向和高尚的道德情怀，从价值观和思想道德层面保障治国理政的正确性，并对全社会起到强烈的示范作用。在建设社会主义核心价值体系、推进中国特色社会主义事业发展的过程中，领导干部要讲党性、重品行、作表率。2014年3月9日，习近平总书记在参加全国人大会议时提出了"三严三实"的要求。"三严三实"彰显了马克思主义执政党的政治品格，体现

---

① 沈壮海：《兴国之魂》，湖北教育出版社，2014，第169页。

了世界观与方法论、内在自律与外在约束的有机统一，为党员干部修身做人、为官用权、干事创业提出了明确要求。"三严三实"阐明了党员干部的修身之本、为政之道、成事之要，为党员干部加强党性修养和道德修养提供了重要遵循。党员干部一要按照"三严三实"的要求修身做人，信念坚定、勤政为民、清正廉洁，成为党和人民需要的好干部；二要按照"三严三实"的要求为官用权，正确看待权力、用好权力，确保权力行使不偏向、不出轨；三要按照"三严三实"的要求干事创业，在其位、谋其政、尽其责，想干事、能干事、干成事。①

（五）加强宣传教育

一要大力促进社会主义核心价值体系大众化。社会主义核心价值体系建设旨在提高全民族的思想道德素质和科学文化素质，在全党全社会形成统一指导思想、共同理论信念、强大精神力量和基本道德规范，其关键是广大人民群众要对社会主义核心价值体系内化于心、外化于行。如同当代中国马克思主义需要大众化一样，社会主义核心价值体系建设也需要大力推进宣传普及大众化。②要进行深入浅出的理论阐释，便于广大民众理解和掌握；要采用群众喜闻乐见的传播方式，使广大民众乐于认可和接受；要创造贴近百姓实际的生活体验，使广大民众在亲身体验中感受和内化；要挖掘地方思想文化资源，以增强广大民众的亲近感和认同感。③

二要着力解决群众关注的社会问题。始终代表中国最广大人民的根

---

① 杨信礼等：《中国特色社会主义核心价值体系研究》，中共中央党校出版社，2014，第242页。
② 高正礼等：《社会主义核心价值体系建设对策研究报告》，人民出版社，2017，第83页。
③ 高正礼等：《社会主义核心价值体系建设对策研究报告》，人民出版社，2017，第60页。

第八章 社会主义核心价值体系建设的基本现状与有效对策

本利益，不断提高广大人民群众的物质文化生活水平是党和政府的历史责任，正如习近平总书记所讲的"人民对美好生活的向往，就是我们的奋斗目标"①。现实社会中至今仍然存在着许多不公正、不安定的矛盾问题，成为影响社会主义核心价值体系建设的重要因素。全力改善和保障民生，切实解决社会问题，构建和谐社会是加强社会主义核心价值体系建设的重要前提。各级党委政府必须大力发展教育、医疗住房、社保等民生事业，着力解决贫富差距过大、教育不公平、环境污染等与民生密切关联的重大社会问题，为社会主义核心价值体系建设奠定和谐的社会基础。②

（六）协调推进核心价值体系和核心价值观建设

社会主义核心价值体系是兴国之魂，是社会主义先进文化的精髓，决定中国特色社会主义的发展方向，建设社会主义文化强国要以建设社会主义核心价值体系为根本任务，通过推进这一建设来巩固全党和全国人民团结奋斗的共同思想道德基础。为此，十八大将加强社会主义核心价值体系建设列为推进社会主义文化强国建设的首要任务。同时，十八大又提出了以"三个倡导"为核心的社会主义核心价值观，强调要"积极培育和践行社会主义核心价值观"。会后，中共中央办公厅印发了《关于培育和践行社会主义核心价值观的意见》，而《社会主义核心价值体系建设实施纲要》却始终没能出台。社会主义核心价值观是社会主义核心价值体系的内核，体现社会主义核心价值体系的根本性质和基本特征，反映社会主义核心价值体系的丰富内涵和实践要求，是社会主义核心价值体系的高度凝练

---

① 习近平：《习近平谈治国理政》，外文出版社，2014，第4页。
② 高正礼等：《社会主义核心价值体系建设对策研究报告》，人民出版社，2017，第70页。

和集中表达。但是,社会主义核心价值观不能完全取代社会主义核心价值体系,党和政府实施文化强国战略时不应该将眼界局限于培育和践行社会主义核心价值观。否则,马克思主义指导地位、民族精神和时代精神、中国特色社会主义等重要内容就不能得到坚持和弘扬,社会各界对社会主义核心价值观也不可能真正理解和有效践行。绝大多数干部群众对党的领导高度认可,对善恶美丑辨别力明显提高,但也有一些人对马克思主义指导思想和中国特色社会主义性质认识出现严重偏差,这同社会大众只知核心价值观而不知核心价值体系有关。[①]因此,从长远和根本来看,建设文化强国、培育和践行社会主义核心价值观,必须加强社会主义核心价值体系建设,坚持马克思主义指导思想,牢固树立中国特色社会主义共同理想,大力弘扬民族精神和时代精神,树立社会主义荣辱观。唯有如此,才能使人们对社会主义核心价值观的理解更全面深刻,践行社会主义核心价值观更自觉自信。

(七)加强制度建设

制度是通过规定权利和义务以规范大众的行为、调整人们之间关系的规则体系,通过明确界定权利与义务,规定了主体的权利空间和利益限度,同时也规定了主体为获得这种权利必须承担的责任和义务。制度具有约束功能,为人们的行为划定界线,制定了规则;制度具有导向功能,人们根据制度安排,既可以确定自己的行动,也可以预期他人的行动;制度具有激励功能,通过不同的信息明确传达,并借助奖励或惩罚的强制力量

[①] 高正礼等:《社会主义核心价值体系建设对策研究报告》,人民出版社,2017,第73页。

第八章 社会主义核心价值体系建设的基本现状与有效对策

得以监督执行。制度既能规范个体的思想和行动,又能整合各种社会力量的价值取向与利益追求。社会主义核心价值体系与制度是一种互动关系,制度承载价值观并保障价值观的实现,塑造着人们的思维方式、行为方式和价值观念,价值观引导并促进制度的改革创新与健全完善。制度带有根本性、全局性、长期性、稳定性,我们不仅要建立完备的社会主义核心价值体系的学习和宣教制度,更要创新完善体现社会主义核心价值体系要求的经济、政治、文化、社会等各方面制度,将社会主义核心价值体系通过制度的中介和实践的途径现实化。只有将社会主义核心价值融入中国特色社会主义各方面的制度之中,才能把社会主义核心价值体系建设落到实处,在推进中国特色社会主义事业发展的实践过程中不断实现和维护人民群众的根本利益。只有这样,人民群众才能真心认同社会主义核心价值,积极参加中国特色社会主义实践,将社会主义核心价值作为自己的价值追求和自觉行动。[①]制度的规范作用对人们的行为养成和内在品性具有重要意义,日常生产生活中对规则的敬畏和遵守,久而久之就会使制度由外在约束内化为内心的自觉和道德品性。倘若一个社会没有良好的制度约束,只是靠个人的道德习惯来调整相互之间的关系和行为,又缺乏奖惩措施,那整个社会就会因行为失落而变得不够和谐高尚。

一个社会的核心价值只有贯穿整个社会的制度体系中,才会避免流于形式;只有形成制度化的建设机制,才会获得扎根现实、持续推进的有力保障。践行社会主义核心价值体系,离不开制度建设。社会主义核心价值体系需要制度的涵养,需要制度体系为其播化提供有力保障;制度建设

---

① 杨信礼等:《中国特色社会主义核心价值体系研究》,中共中央党校出版社,2014,第236—237页。

也需要社会主义核心价值体系的引导规范，需要社会主义核心价值体系为其注入向善的灵魂。强调社会主义核心价值体系"涵于制"，目的就是要充分发挥制度建设对社会主义核心价值体系的涵养和支撑的作用，其关键是使社会主义核心价值体系的建设获得制度化的保障。否则，社会主义核心价值体系建设会更虚化弱化，无处着手，或流于形式，浮皮潦草。使社会主义核心价值体系涵于制，最根本的是使社会主义核心价值体系作为内在的灵魂贯注于整个社会制度体系及国家治理体系之中。只有"魂"与"制"有机结合，"制"才能体现出社会主义的特性，"魂"才能获得得以实现的制度载体，显示出鲜活的生命力。

其一，让社会主义核心价值体系建设依制而行。推动社会主义核心价值体系建设制度化，为社会主义核心价值体系建设确立强有力的制度保障，使社会主义核心价值体系建设有明确制度可遵循，依可靠制度来落实，为硬性制度所保障。推进社会主义核心价值体系建设的制度化，需要对社会主义核心价值体系建设提供法制化的基本遵循。我们可以将社会主义核心价值体系教育纳入《教育法》《高等教育法》以及文化建设等方面的法律法规，还可以思考将社会主义核心价值体系的相关要求上升为具体法律规定。要充分发挥法律的规范引导保障作用，形成有利于践行社会主义核心价值体系的良好法治环境。推进社会主义核心价值体系建设的制度化，还需要对社会主义核心价值体系建设中的责任主体及任务职责作出刚性的制度规定。长期以来，党和国家反复强调要各方面共同负责、全社会共同负责。但共同负责如何落到实处，如何把各方责任说清楚，把各方如何尽责阐述明确，把追责问题规定细致，这些都是留白之处，因此在不少地方"共同负责"往往变成了一家负责，严重影响了社会主义核心价值

第八章　社会主义核心价值体系建设的基本现状与有效对策

体系建设的力度和成效,这需要我们通过制度建设明确责任主体及职责要求,以制度的刚性确保共同负责真正落实到位。推进社会主义核心价值体系建设的制度化,还要建立科学的评估与考核激励机制。在实际工作中,一些责任部门对社会主义核心价值体系建设认识不深、兴趣不浓、热情不高、投入不足、创立不多,与评估与考核激励体系缺失不无关系。真正建立起科学的评估与考核激励体系,是推动社会主义核心价值体系建设制度化的重要突破点,是推动社会主义核心价值体系建设由软变实的重要抓手。在建立评估与考核激励体系的过程中,要科学选定评估指标,科学设计评估流程,将评估结果与奖惩结合起来,避免指标设计不合理催生新的形式主义,避免评估繁杂而引发劳民伤财,避免评估结果不了了之。

其二,将社会主义核心价值体系转化入制。推动社会主义核心价值体系转化入制,就是要以社会主义核心价值体系引领社会主义制度的改革完善,使我们方方面面的制度体系都能更好地体现社会主义核心价值体系的要求。这一过程是社会主义核心价值体系的要求在社会制度体系层面不断实现的过程,也是制度环境不断优化的过程,又是社会制度体系不断完善的过程。推动社会主义核心价值体系转化入制,重要任务是在宏观层面将社会主义核心价值体系的要求充分反映到国家治理体系之中。推动社会主义核心价值体系转化入制,也需要在微观层面将社会主义核心价值体系的要求贯穿于各地各部门的发展规划和规章制度之中。推动社会主义核心价值体系转化入制,还要建立健全各项政策举措的价值评估制度。[①]

[①] 沈壮海:《兴国之魂》,湖北教育出版社,2014,第163页。

（八）发挥环境的教化作用

环境是由人创造的，但环境也"创造"着人，从价值取向、道德品性、审美情趣、思维方式、行为习惯等多个方面影响和塑造着人。环境具有重要的教化作用，但环境本身复杂多样，要发挥好环境的熏染教化作用，如何选择创设好环境是一个重要前提。将社会主义核心价值体系化于境，就是将社会主义核心价值体系浸入环境之中，使其无处不在无时不有。环境类型多种多样，既有社会环境也有自然环境，既有现实环境也有虚拟环境，不同类型的环境对人的成长和价值观的形成会产生各种影响。

其一，生活环境的教化。将社会主义核心价值体系的要求充分体现在人们的日常生活环境中，需要通过精细化设计，让人们对社会主义核心价值体系的要求举目可见、抬手可行，就是使社会主义核心价值体系的要求在我们日常生活的场景中有充分的体现，将社会主义核心价值体系的要求转化成日常生活中人们言行举止的具体要求。

其二，网络环境的教化。要充分运用网络，将社会主义核心价值体系的内容和要求融于网络世界，沿着这一新的"社会神经"将所要弘扬的核心价值观传递到所能达到的每一个地方。用好网络，要发挥党政机关和新闻媒体等的作用，也要发挥好典型人物和社会公众的作用。不断开发、运用好网络媒体，需要我们熟悉网络媒体发展趋势及其各种具体形态的运用规则，善于将社会主义核心价值体系的要求转化为网络空间中人们惯用的表达方式。网络既是一种传播媒体，又是一种新的文化形态，将社会主义核心价值体系化入网络环境，除了要运用好网络之外，还要用社会主义核心价值体系引领网络空间的文化发展，使社会主义核心价值成为网络文化

第八章　社会主义核心价值体系建设的基本现状与有效对策

中的主旋律。其中一项重要任务就是根据社会主义核心价值体系的要求，明确并坚守网络文明规范，严格遵循中国互联网协会发布的《文明上网自律公约》。此外，还要加大网络文艺作品的创作生产力度，丰富优质网络文化资源，加强网络监管和法制建设，规范网络信息传播秩序，使网络空间洁净起来。

其三，文化环境的教化。文化环境是由文化作品和文化氛围等构成的社会环境，将社会主义核心价值体系化入文化环境是指文艺作品的创作和文化氛围的营造要充分反映社会主义核心价值体系的要求，为人民群众提供丰富优质的精神食粮。优秀的文艺作品是人们精神成长的营养，弘扬社会主义核心价值体系需要既正且美、既多且新的文化作品。中华民族在漫长的历史实践中创造了灿烂辉煌的中华文化，这些文化成果至今仍是我们培育社会主义核心价值体系的宝贵资源。将社会主义核心价值体系化入文化环境，也包括努力把社会主义核心价值体系的培育弘扬与中华民族优秀传统文化的继承发展紧密结合，在传统文化的转化和发展中实现社会主义核心价值体系的大发扬。为此，要营造尊重历史传统的思想文化氛围，推出阐发中华优秀传统文化精义的精品力作，把中华优秀传统文化融进国民教育体系，构建中华优秀传统文化的社会传承机制。将社会主义核心价值体系化入文化环境，还表现在社会主义核心价值体系要成为新闻舆论中的主导性因素，新闻媒体要自觉发挥传播社会主义核心价值体系的主渠道作用，弘扬主旋律，传播正能量。

其四，自然环境的教化。社会主义核心价值体系蕴含的价值目标，不仅体现在经济、政治、文化、社会方面，也体现在国家生态环境建设和保护方面，因此，践行社会主义核心价值体系不仅要着眼于人际关系，也

社会主义核心价值体系的精神引领

要关注到人与自然的关系。强调社会主义核心价值体系要化入自然环境，另一个重要原因就是生态美对心灵美的反哺与滋养。[①]建设弘扬社会主义核心价值体系的美好中国与建设社会主义生态文明的美丽中国理应相伴而行，唯有如此才会最终建成一个所有社会成员共建共享的幸福中国，实现中华民族伟大复兴中国梦。

---

① 沈壮海：《兴国之魂》，湖北教育出版社，2014，第179页。

结 论
充分发挥社会主义核心价值体系的精神引领作用

建设社会主义核心价值体系旨在促进人的全面发展，重在建设，贵在践行，必须着眼于增强国家和民族的凝聚力，维护社会和谐稳定。要把社会主义核心价值体系转化为全社会的群体意识和自觉行动，促使全国人民团结和睦、奋发向上。

一、充分发挥社会主义核心价值体系精神引领作用的基本原则

建设社会主义核心价值体系，必须自觉把握习近平新时代中国特色社会主义思想的丰富内涵，正确处理社会主义核心价值体系的主导性和包容性、理论性和实践性的关系，稳定构建，扎实推进。充分发挥社会主义核心价值体系精神引领作用，应该重点把握以下四个原则。

社会主义核心价值体系的精神引领

（一）以人为本原则

人是价值的主体，马克思主义以实现人的解放与自由全面发展为最高价值取向，中国共产党以中国最广大人民的根本利益为一切工作的出发点和落脚点。在当代中国，人民是国家和社会的主人，也是价值创造者和价值享有者。以人为本，是社会主义核心价值体系的理论前提，也是建设社会主义核心价值体系的根本原则。发挥社会主义核心价值体系精神引领作用必须坚持以人为本，相信人民，依靠人民，充分调动广大人民群众参与建设社会主义核心价值体系的积极性和主动性、创新性和创造性。以人为本是马克思主义关于人的思想的本质体现，人是发展的根本目的，这是科学发展观的核心。以人为本，要从人民群众的根本利益出发，经济发展的目的是为了满足人民对美好生活的向往，保障人民群众的政治、经济、教育和文化权益，让人民共享发展的成果。中国共产党始终强调以人为本，发展生产力是以人为本的重要体现，是社会主义社会的根本任务，目的是满足广大人民群众的物质文化需要，保证人的全面发展。不仅经济建设要以人为本，文化建设、社会建设等方方面面的建设都要以人为本。只有真正做到了以人为本，人民群众才能乐于参与，社会主义核心价值观、社会主义荣辱观等才会切实树立起来，民众的思想道德素质才会得到明显提升，社会主义核心价值体系建设才称得上收到了实实在在的成效。

（二）重在建设原则

发挥社会主义核心价值体系的精神引领作用，重在中国特色社会主义共同理想的建设。要推动共同理想的建设，必须坚持不懈地开展社会主

结　论　充分发挥社会主义核心价值体系的精神引领作用

义核心价值体系的宣传教育，深入进行中国共产党的路线方针政策的宣传和教育，通过各种渠道宣传好习近平新时代中国特色社会主义思想，不断增强人们对中国特色社会主义的信心。发挥社会主义核心价值体系的精神引领作用，重在正面教育建设，应该鼓励和激励一切有利于国家富强、人民幸福、民族团结、社会和谐的思想和精神。发挥社会主义核心价值体系的精神引领作用，重在精神文明建设，必须积极弘扬中华民族的伟大民族精神，弘扬和践行社会主义荣辱观，切实加强社会公德建设、个人品德建设、职业道德建设、家庭美德建设，不断提高全社会思想道德素质，努力形成新时代良好的社会风尚和融洽的人际关系。

（三）尊重包容原则

发挥社会主义核心价值体系的精神引领作用必须坚持尊重包容原则，一方面要尊重差异、求同存异，另一方面要包容多样、兼容并蓄，并努力实现二者的有机互动、辩证统一。思想差异是社会存在。社会主义核心价值体系能否发挥主导作用，很大程度上要看它能不能包容差异，也就是能不能整合大多数社会群体的思想意识。尊重差异，就是要尊重人们在接受教育水平上的差异，在思想意识、价值观念上的差异性。尊重差异，既鼓励先进的思维，又要照顾普遍存在的意识，尊重不同社会群体、阶层的思想和要求。同时，还要重视包容多样性。多样性是社会发展的必然趋势。包容多样，就是要树立多样共生的意识。充分发挥社会主义核心价值体系在多元文化中的渗透力、影响力和说服力。

尊重差异、包容多样，并不是随波逐流、无所作为，而是要站在时代潮流的前头，坚持以习近平新时代中国特色社会主义思想为指导，密切关注社会思想变化，因势利导、顺势而为，在尊重差异中扩大社会认同，在包容多样中形成思想共识，有力抵制各种错误思想和腐朽文化的影响，引导社会思潮朝着积极健康的方向发展。尊重差异、包容多样、兴利除弊，要求我们站在时代潮流的前头，坚持习近平新时代中国特色社会主义思想，积极倡导健康向上的社会思潮，让民众接受社会主义核心价值观的熏陶和影响，促使人们在思想上达成共识，树立正确的世界观、人生观和价值观。

（四）持之以恒原则

发挥社会主义核心价值体系精神引领作用必须坚持持之以恒、久久为功。社会主义核心价值体系建设，关系到中华民族伟大复兴，需要花费几代人的心血，作为关系中华民族伟大复兴的重要方略，必须要注重组织机制、领导机制、调控机制和管理机制的常态化，保持连续性、持久性，要让社会主义核心价值体系引领社会思潮，巩固马克思主义在意识形态领域的主体地位，巩固好习近平新时代中国特色社会主义思想的指导地位，在民众中树立社会主义核心价值体系的政治权威和理性权威，建立能发挥其引领作用的长效运行机制。要以法律规范作为指引民众言行的尺度和准则，通过制度化的理念设计保证人民对未知的科学领域进行思辨，保证各种风险挑战中社会主义核心价值体系的充分运行，保证社会主义核心价值体系建设能够一代一代地传承下去。总之，实现中华民族伟大复兴中国梦，是一个宏伟蓝图和伟大事业，需要发挥社会主义核心价值体系精神引领作用，促使一代又一代中国人接力奋斗。

二、充分发挥社会主义核心价值体系精神引领作用的基本方法

（一）宣传弘扬方法

党的十九大报告提出："全党同志一定要永远与人民同呼吸、共命运、心连心，永远把人民对美好生活的向往作为奋斗目标，以永不懈怠的精神状态和一往无前的奋斗姿态，继续朝着实现中华民族伟大复兴的宏伟目标奋勇前进。"[①]发挥社会主义核心价值体系精神引领作用，必须把握其核心内容，凝聚社会正能量。在充分认知社会主义核心价值体系的基础上，坚持弘扬主旋律、传播正能量，适当策划深度解读的理论专题片和形象展示片，通过坚持不懈的形式多样的正面宣传，正确引导人们以社会主义核心价值体系衡量真善美、摒弃假恶丑。

（二）教育引导方法

习近平指出，要"强化教育引导、实践养成、制度保障，发挥社会主义核心价值观对国民教育、精神文明创建、精神文化产品创作生产传播的引领作用"[②]。这是习近平对全体中国共产党人和全国各族人民的思想教育和基本要求，指明了发挥社会主义核心价值体系精神引领作用的引导方法和途径。教育引导是基础，也是关键，必须充分利用学校、家庭、媒

[①]习近平：《决胜全面建成小康社会　夺取新时代中国特色社会主义伟大胜利——在中国共产党第十九次全国代表大会上的报告》，《人民日报》2017年10月18日。
[②]习近平：《决胜全面建成小康社会　夺取新时代中国特色社会主义伟大胜利——在中国共产党第十九次全国代表大会上的报告》，《人民日报》2017年10月18日。

体等中介，让社会主义核心价值体系贯穿于社会生活的各个领域，通过宣传普及形成一种积极、健康、和谐、向上的社会风气。有教育、有引导，才能进一步提高认识，朝着实现富强民主文明和谐美丽的社会主义现代化强国奋勇前进，才能有效引导社会风气，提高民众对复杂社会思潮和多元价值观念的判断、分析与鉴别能力，实现大众对社会主义主流价值的认同选择与自觉追求，切实维护多种价值选择中社会主义核心价值体系的基础性、主导性和实效性。

（三）践行倡导方法

发挥社会主义核心价值体系精神引领作用要重视与社会生活接轨，将"知"与"行"结合。"观其言而察其行"，广大人民群众应从身边的点点滴滴做起，倡导人们通过服务社会来体验奉献的乐趣，培养他们高尚的品德。要倡导和推动人们更多地参加志愿者活动、公益劳动、"三下乡"活动、帮贫扶贫活动等，把构建社会主义核心价值体系从工作上、生活上延伸到社会每一个角落，由理论转向实践，并在实践中深化。通过社会实践活动，增强人民群众的社会责任感，养成谦虚谨慎的品格和艰苦奋斗的作风。要把社会主义道德实践融入人们日常生活、衣食住行。做到勤俭节约，以艰苦奋斗为荣，以骄奢淫逸为耻。践行社会主义荣辱观，时刻注意自己的言行举止，勇于指正他人的错误，纠正别人的不规范行为，为创建良好的社会风气贡献自己的力量。发挥社会主义核心价值体系精神引领作用是全党全社会的共同责任，必须把社会主义核心价值体系融入国民教育、精神文明建设和党的建设全过程，贯穿改革开放和社会主义现代化建设各领域，体现到精神文化产品创作生产传播各个方面。

三、充分发挥社会主义核心价值体系精神引领作用的实践路径

发挥社会主义核心价值体系精神引领作用是一项系统工程，实践路径主要有以下八个方面。

（一）把增强社会主义核心价值体系的凝聚力和引领力作为国家意志

发挥社会主义核心价值体系精神引领作用，必须把增强社会主义核心价值体系的凝聚力和引领力作为国家意志。习近平指出："正是因为我们党成功找到了马克思主义，并且坚持把马克思主义基本原理同中国具体实际相结合，认识和掌握中国社会发展的客观规律，才能克服各种错误倾向，不断形成革命、建设、改革的正确路线方针政策，不断开辟中国人民救国、建国、兴国的正确道路；也正是因为我们党坚持用科学理论武装党员、教育人民，才能指引和鼓舞全党同志团结带领人民群众一往无前地为实现国家富强和民族振兴而奋斗。"[①]要坚定正确政治方向，坚持党性原则，坚持正确的舆论导向、价值取向。不断拓展网络阵地，不断优化各类文化阵地，更好地满足人民群众日益增长的精神文化需求。

（二）把社会主义核心价值体系对各类思潮的引领作用作为思想武器

发挥社会主义核心价值体系精神引领作用，必须把社会主义核心价值体系对各类思潮的引领作用作为思想武器，把它转化成人们日常的价值观

[①] 习近平：《始终坚持和充分发挥党的独特优势》，《求是》2012年第15期。

念，潜移默化成人们共同遵循的道德准则和价值取向。要尊重广大人民群众的主体地位，切实解决人民群众关心的问题，要重视引导民众心理。在社会转型时期，由于各种矛盾凸显，人们许多需求得不到满足，又加上人与人之间的差距变大，许多人心理失衡，特别是弱势人群的思想更是变得脆弱不堪，要及时化解人们内心的焦虑，彰显人文关怀，以切实解决民生问题的方式为形成社会思想共识奠定群众基础，促进社会和谐稳定。要重视构建话语体系。千百年来，民间话语体系始终是维系世道人心、整合社会秩序的重要力量。通过老百姓喜闻乐见的话语，传递积极人生追求、高尚思想境界和健康生活情趣，让不同类型文化产品都成为弘扬社会主流价值的生动载体，让社会主义核心价值体系发挥引领作用。

（三）把社会主义核心价值体系融入国民教育和精神文明建设全过程

发挥社会主义核心价值体系精神引领作用，必须把建设社会主义核心价值体系融入国民教育和精神文明建设的全过程。这个过程中，必须遵循客观的认知发展规律，坚持育人为本、德育为先，把社会主义核心价值体系教育纳入国民教育总体规划，贯穿于高等教育、基础教育、职业技术教育、成人教育等教育领域。要加强学校内报刊、广播电视、网络的建设，建设能够体现社会主义核心价值体系的特点、时代特征、学校特色的校园文化。要打破因循守旧的教育模式，勇于创新各种教育方式方法，把社会主义核心价值体系融入国民教育和精神文明建设之中。全社会都要不断地推进自我教育，加强个人修养，理性地把社会主义核心价值体系作为自己的行动指南。

结　论　充分发挥社会主义核心价值体系的精神引领作用

（四）把社会主义核心价值体系内化为价值观念、外化为自觉行动

发挥社会主义核心价值体系精神引领作用，必须把社会主义核心价值体系内化为价值观念、外化为自觉行动。正如中华优秀传统文化经典中的"修身、齐家、治国、平天下"、格物致知、诚意正心、以天下为己任等格言警句所言，社会主义核心价值体系强调个人、家庭、社会、国家、全人类的命运紧密相连。把社会主义核心价值体系内化于心，是对中华优秀传统文化的继承和发展。社会主义核心价值体系的外化表现为修养与实践活动。各类群体有不同的实践路径，只有注重践行，才能更有效地将核心价值体系外化于各类活动，例如党组织活动、社团组织活动和青年志愿者活动等，党员和团员都应该在践行社会主义核心价值体系中发挥先锋模范和引领作用。

（五）把社会主义核心价值体系作为全党全社会共同推进的实践目标

发挥社会主义核心价值体系精神引领作用，必须把社会主义核心价值体系作为全党全社会共同推进的实践目标。全党全社会共同努力建设社会主义核心价值体系富有现实意义，是一项伟大工程，也是一个长期的奋斗过程，又是一个重大的现实课题，是中国人民面对的一项历史任务。我们要充分认识把社会主义核心价值体系作为全党全社会共同推进的实践目标的重要性。要在政治建设、文化建设、社会建设、经济建设、生态文明建设和党的建设各领域充分体现社会主义核心价值体系建设。要在制定政策、规划、计划中切实负起政治责任和领导责任。要坚持全党动手、全社会参与，把社会主义核心价值体系不断转化为引领社会群体意识和人们自

社会主义核心价值体系的精神引领

觉行动的精神力量。

（六）把社会主义核心价值体系贯穿于改革开放和现代化建设各领域

发挥社会主义核心价值体系精神引领作用，必须把社会主义核心价值体系贯穿于改革开放和现代化建设各领域，要用其指导我国的经济、政治、文化、社会和生态文明建设的各个领域、各个环节。在经济建设中，按照社会主义核心价值体系的要求坚持改革开放，确立经济发展目标、发展规划，坚持民营企业在市场竞争中的公平地位。注重公平、自主、正义、诚信等原则，用科技的力量来推动经济发展。积极调整和制定经济社会政策以及重大改革措施，全社会开展多种形式的生产经营活动，兼顾责任和效益，倡导守法经营、公平竞争、诚信守约，竞争有序、有序竞争，形成有利于构建新时代中国特色社会主义市场的良好政策导向、利益机制和社会环境。在政治和思想文化教育领域，要按照社会主义核心价值体系的要求，建设廉洁政府，改善管理，创新服务水平；坚持文化自信，继承和发扬中华传统文化。坚持社会主义核心价值观进课堂、进教材、上电视、上微信、上微博。在社会建设和生态文明建设中，要强化社会治理，把政策法规作为社会每一个人的行为准则，让社会文明友爱，和谐平安。引导人们爱好生态环境，建设美丽中国、美丽城市、美丽农村，实现可持续发展、科学发展。总之，在全社会各个领域都要自觉地贯彻和践行社会主义核心价值体系，把它贯穿于改革开放和社会主义现代化建设的全部实践中，通过发挥社会主义核心价值体系的精神引领作用让各个领域都开出"精神之花"，结出"物质之果"。

结　论　充分发挥社会主义核心价值体系的精神引领作用

（七）把社会主义核心价值体系作为增强中华民族文化自信的重大举措

发挥社会主义核心价值体系精神引领作用，必须把社会主义核心价值体系作为增强中华民族文化自信的重大举措。习近平指出："优秀传统文化是一个国家、一个民族传承和发展的根本，如果丢掉了，就割断了精神命脉。""中华优秀传统文化已经成为中华民族的基因，植根在中国人内心，潜移默化影响着中国人的思想方式和行为方式。"[①]这些科学论断彰显出习近平对中华优秀传统文化的高度重视，也为我们如何通过建设社会主义核心价值体系进而增强中华民族文化自信指明了方向和路径。习近平站在时代高度，立足中国实际，把握时代脉搏，深刻揭示出社会主义核心价值体系与中华优秀传统文化的内在关系，推进社会主义核心价值体系建设是增强文化自信的重要理论源泉和思想基础。而社会主义核心价值体系作为增强文化自信的重大举措，充分体现了对中华优秀传统文化的继承和发展，能够为实现中华民族伟大复兴提供重要文化力量，进而能大力弘扬中国精神，不断增强中华文化的民族性、包容性和时代性，使中华优秀文化不断发扬光大。

（八）把社会主义核心价值体系作为实现中华民族伟大复兴中国梦的行动指南

发挥社会主义核心价值体系精神引领作用，必须把社会主义核心价值体系作为实现中华民族伟大复兴中国梦的行动指南。这是习近平新时代中

---

①习近平：《青年要自觉践行社会主义核心价值观——在北京大学师生座谈会上的讲话》，《人民日报》2014年5月4日。

社会主义核心价值体系的精神引领

国特色社会主义思想的具体表现，是人类优秀文明的当代发展。中国梦，即建设富强、民主、文明、和谐、美丽的国家，是全体中国人民的梦想，是人们对中华民族伟大复兴的美好向往。美好未来的实现，离不开每一个个体的身体力行，因此，要把社会主义核心价值体系作为中华民族伟大复兴中国梦的行动指南。新时代新征程，各种机遇纷至沓来，这为中华民族伟大复兴带来了机遇，也带来了挑战。要实现中华民族伟大复兴中国梦，就要把社会主义核心价值体系贯穿社会各个领域，顺应新时代的形势需求和特征特点。让社会主义核心价值体系引领中华民族和每一个中华儿女，坚实走好中国道路，竭力弘扬中国精神，全面凝聚中国力量，昂首阔步奔向中华民族伟大复兴中国梦。

参考文献

［1］马克思恩格斯选集（1—4卷）［M］．北京：人民出版社，1995．

［2］马克思恩格斯文集（1—10卷）［M］．北京：人民出版社，2009．

［3］列宁选集（1—4卷）［M］．北京：人民出版社，1995．

［4］列宁专题文集（1—5卷）［M］．北京：人民出版社，2009．

［5］毛泽东选集（1—4卷）［M］．北京：人民出版社，1991．

［6］毛泽东文集（1—8卷）［M］．北京：人民出版社，1993—1999．

［7］邓小平文选（1—2卷）［M］．北京：人民出版社，1994．

［8］邓小平文选（第3卷）［M］．北京：人民出版社，1993．

［9］邓小平文集（一九四九——一九七四年）［M］．北京：人民出版社，2014．

［10］江泽民文选（1—3卷）［M］．北京：人民出版社，2006．

［11］建国以来重要文献选编（1—20册）［G］．北京：中央文献出版社，1992—1998．

［12］三中全会以来重要文献选编（上、下）［G］．北京：人民出

版社，1982.

［13］十二大以来重要文献选编（上、中、下）［G］．北京：人民出版社，1986—1988.

［14］十三大以来重要文献选编（上、中、下）［G］．北京：人民出版社，1991—1993.

［15］十四大以来重要文献选编（上、中、下）［G］．北京：人民出版社，1996—1999.

［16］十五大以来重要文献选编（上、中、下）［G］．北京：人民出版社，2000—2003.

［17］十六大以来重要文献选编（上、中、下）［G］．北京：中央文献出版社，2005—2008.

［18］十七大以来重要文献选编（上、中、下）［G］．北京：中央文献出版社，2009—2013.

［19］十八大以来重要文献选编（上）［G］．北京：中央文献出版社，2014.

［20］十六大报告辅导读本［M］．北京：人民出版社，2002.

［21］十七大报告辅导读本［M］．北京：人民出版社，2007.

［22］十八大报告辅导读本［M］．北京：人民出版社，2012.

［23］党的十九大报告辅导读本［M］．北京：人民出版社，2017.

［24］中共中央关于全面深化改革若干重大问题的决定［M］．北京：人民出版社，2013.

［25］中共中央关于全面推进依法治国若干重大问题的决定［M］．北京：人民出版社，2014.

[26] 建国以来毛泽东文稿（1—8册）［M］．北京：中央文献出版社，1987—1993．

[27] 邓小平同志建设有中国特色社会主义理论学习纲要［M］．北京：学习出版社，1995．

[28] 邓小平关于建设有中国特色社会主义的论述专题摘编［M］．北京：中央文献出版社，1992．

[29] "三个代表"重要思想学习纲要［M］．北京：学习出版社，2003．

[30] 江泽民论有中国特色社会主义（专辑摘编）［M］．北京：中央文献出版社，2002．

[31] 中共中央关于加强党的执政能力建设的决定［M］．北京：人民出版社，2004．

[32] 深入学习科学发展观读本［M］．北京：中共中央党校出版社，2008．

[33] 中共中央关于构建社会主义和谐社会若干重大问题的决定［M］．北京：人民出版社，2006．

[34] 社会主义核心价值体系学习读本［M］．北京：学习出版社，2009．

[35] 中国特色社会主义学习读本［M］．北京：学习出版社，2013．

[36] 习近平总书记系列重要讲话读本［M］．北京：学习出版社，人民出版社，2016．

[37] 习近平谈治国理政（第一卷）［M］．北京：外文出版社，2014．

[38]习近平关于实现中华民族伟大复兴的中国梦论述摘编[M].北京：中央文献出版社，2013.

[39]习近平关于协调推进"四个全面"战略布局论述摘编[M].北京：中央文献出版社，2015.

[40]中国共产党第十八届中央委员会第五次全体会议文件汇编[G].北京：人民出版社，2015.

[41]习近平谈治国理政（第二卷）[M].北京：外文出版社，2017.

[42]本书编写组.社会主义核心价值体系学习读本[M].北京：中共党史出版社，2012.

[43]本书编写组.中国共产党90年学习读本[M].北京：人民出版社，2011.

[44]秦田.社会主义核心价值体系实施纲要学习读本[M].北京：东方出版社，2012.

[45]韩震.社会主义核心价值体系研究[M].北京：人民出版社，2007.

[46]教育部高等学校社会科学发展研究中心.社会主义核心价值体系研究述评[M].北京：教育科学出版社，2012.

[47]陈文强，黄友供.社会主义核心价值体系中学生读本[M].厦门：厦门大学出版社，2012.

[48]北京大学马克思主义德育研究所.社会主义荣辱观理论教程[M].北京：世界图书出版公司，2006.

[49]王学俭.凝心聚力兴国魂——社会主义核心价值体系[M].

兰州：兰州大学出版社，2012.

［50］冯景源. 现代西方价值观透视［M］. 北京：中国人民大学出版社，1993.

［51］王克千，吴宗英. 价值观与中华民族凝聚力［M］. 上海：上海人民出版社，2001.

［52］王玉梁. 当代中国价值哲学［M］. 北京：人民出版社，2004.

［53］王玉梁. 价值和价值观［M］. 西安：陕西师范大学出版社，1988.

［54］王玉梁. 理想、信念、信仰与价值观［M］. 西安：陕西人民出版社，2001.

［55］黄希庭等. 当代中国青年价值观研究［M］. 北京：人民教育出版社，2005.

［56］陈章龙. 论主导价值观［M］. 南京：江苏人民出版社，2006.

［57］石云霞. 当代中国价值观论纲［M］. 武汉：武汉大学出版社，1996.

［58］黄凯锋，唐志龙. 建设社会主义核心价值体系［M］. 上海：上海人民出版社，2007.

［59］沈壮海. 兴国之魂［M］. 武汉：湖北教育出版社，2014.

［60］高正礼，冯万勇. 社会主义核心价值体系建设对策研究报告［M］. 北京：人民出版社，2018.

［61］杨明，张伟，郑奕. 社会主义核心价值体系论纲［M］. 南京：南京大学出版社，2013.

［62］杨信礼等. 中国特色社会主义核心价值体系研究［M］. 北

京：中共中央党校出版社，2014.

［63］［德］马克斯·韦伯. 儒教与道教［M］. 王容芬译，北京：商务印书馆，1995.

［64］［英］爱德华·泰勒. 原始文化［M］. 连树声译，桂林：广西师范大学出版社，2005.

［65］［美］鲁思·本尼迪克特. 文化模式［M］. 王炜等译，三联书店，1988.

［66］［美］鲁思·本尼迪克特. 菊与刀［M］. 吕万和、熊达云译，北京：商务印书馆，2002.

［67］［日］新渡户稻造. 武士道［M］. 张俊彦译，北京：商务印书馆，1993.

［68］［法］托克维尔. 论美国的民主［M］. 董果良译，北京：商务印书馆，2004.

［69］［美］塞缪尔·亨廷顿，劳伦斯·哈里森. 文化的重要作用——价值观如何影响人类进步［M］. 程克雄译，北京：新华出版社，2002.

［70］［美］丹尼尔·贝尔. 资本主义文化矛盾［M］. 赵一凡等译，三联书店，1989.

［71］［美］A.麦金太尔. 德性之后［M］. 龚群、戴扬毅译，中国社会科学出版社，1997.

［72］［西］雷蒙·潘尼卡. 看不见的和谐［M］. 王志成、思竹译，南京：江苏人民出版社，2001.